그림책 학교 9

행복한 1년 학급살이를 위한 그림책 함께 읽기

그림책으로 시작하는 학급경영

수업친구 더불어숲 지음

학교도서관저널

• 여는 글

선생님과 학생들을 잇는
그림책의 힘

학년 초, 모든 선생님의 마음은 아마 똑같을 겁니다. "올해 1년은 예쁘고 착한 학생들과 즐겁고 행복하게 지내고 싶다!" 그렇기에 선생님들이 더욱 공을 들이는 부분이 바로 학년 초 '학급 세우기'가 아닐까 싶습니다. 학급 세우기가 탄탄하면 탄탄할수록 아이들 사이의 갈등을 좀 더 부드럽게 해결할 수 있거든요. 학급 공동체의 '회복 탄력성'은 학급 세우기를 어떻게 하느냐에 달렸다 해도 과언이 아닐 것입니다.

하지만 뜻대로 되지 않는 것이 또한 인생이라고 했던가요? 선생님의 바람과 달리 학생들은 1년 내내 각종 사건과 사고를 일으킵니다. 시간이 지날수록 학급 세우기 기간에 했던 수많은 활동은 공기 중으로 흩어져 잊히고, 심신이 지친 선생님의 모습만 덩그러니 남기 일쑤지요. 어떻게 하면 선생님의 마음을 학생들에게 온전히 전할 수 있을까요? 어떻게 하면 학급 공동체의 약속을 학생들의 마음에 의미 있게 아로새길 수 있을까요? 이런 고민 끝에 만난 든든한 지원군이 있습니다. 바로 이 책에서 소개할 수많은 '그림책'들입니다.

학급경영,
왜 그림책으로 시작하나요?

    그림책으로 시작하는 학급경영의 장점은 무엇일까요? 일일이 다 말하기 힘들 만큼 수많은 장점이 있겠지만 여기에서는 세 가지로 정리해 보려고 합니다.
    첫째, 쉽고 재밌게 소통할 수 있습니다. 아무리 좋은 내용도 어렵고 복잡하게 전달하면 듣기 싫어집니다. 학급경영도 마찬가지입니다. 쉽고, 부담 없고, 재밌게 다가가야 행복한 1년 학급살이의 성공 확률도 그만큼 높아집니다. 그런 의미에서 그림책만큼 좋은 매개체는 찾기 힘듭니다. 그림책만의 강렬한 그림과 재밌는 스토리는 책 읽기를 싫어하는 요즘 학생들조차 단숨에 사로잡을 만큼 매력적이거든요.

둘째, 마음을 건드는 문학의 힘이 있습니다. 학생들은 그림책을 읽으며 주인공의 상황과 감정을 '나'와 동일시하곤 합니다. 그리고 그 안에서 평소에 알지 못했던 다양한 감정을 느끼고 깊은 공감을 경험하게 되지요. 저희 반에 매번 친구를 타박하는 학생이 한 명 있었습니다. 하루는 그 학생에게 『가시소년』이란 그림책을 읽어주었습니다. 가시 돋친 말을 자주 하다가 어느덧 혼자가 된 소년에 관한 이야기지요. 이 그림책을 읽으며 다른 사람을 대하는 말과 행동에 관해 오랜 시간 대화를 나누고 나니 놀랍게도 문제 행동이 많이 줄어들었습니다. 머리로 아는 것을 넘어 마음으로 느꼈을 때, 학생들은 올바른 행동을 내면화하고 실천하는 힘을 갖게 됩니다.

셋째, 오래 기억하게 합니다. 학급을 건강하게 유지하기 위해 학년 초, 선생님은 여러 학급 규칙을 학생들에게 전달합니다. 하지만 교사 주도로 세워지는 규칙들은 시간이 지날수록 희미해지지요. 학급 규칙을 정할 때도 그림책을 활용해 보세요. 그림책으로 소통하고 토의하며 학생들끼리 치열하게 학급 규칙을 만드는 과정을 거치면 그다음부터는 선생님이 강조하지 않아도 스스로 기억하고 행동하게 됩니다. 그림책 제목만 봐도 학급 규칙을 떠올릴 정도로요.

이렇게 쉽고 부담 없이 소통하고, 마음을 건드리며, 약속을 오래 기억하는 과정에서 선생님과 학생들은 학급경영의 핵심 요소인 '래포rapport'를 돈독하게 다지게 됩니다. 차곡차곡 쌓아 올린 신뢰 관계는 학급을 흔들리지 않게 도와주는 안정적인 학급 운영의 밑바탕이 되지요.

그림책 학급경영의 교육철학

그림책으로 학급을 경영한다는 것은 단순히 그림책 독서 활동을 함께 한다는 의미가 아닙니다. 그림책 학급경영의 밑바탕에는 다양한 교육철학과 방법들이 조화롭게 배치되어 있습니다. '사람과 교육 연구소' 정유진 선생님이 주창한 '학급 운영 시스템'을 중심으로 학급 긍정훈육법, 회복적 생활교육, 민주시민교육, 인성교육, 협동학습 등이 어우러져 있는 것이지요.

그림책 학급경영의 최종 목표는 '친절하고 단호한 교사'와 '스스로 서고, 더불어 사는 학생'이 건강한 상태로 공존하는 것입니다. 이를 위해서는 담임교사 혼자 학급 운영을 책임지는 것이 아니라 학급 공동체 모두가 함께 만들고 수정 보완해 가는 '지속 가능한' 시스템을 만들어야 합니다. 그림책을 읽고, 학급 공동체를 되돌아보며, 앎과 삶을 연계하는 다양한 활동을 끊임없이 전개하는 이유가 바로 여기에 있습니다. 일방적으로 강요하지 않지만 시나브로 함께 성장해 나가는 것, 그것이 바로 그림책 학급경영의 독특한 매력입니다.

학생들의 마음속에
차곡차곡 쌓이는 선물

미국의 교육자인 론 클라크는 저서 『꿈의 학교 론 클라크 아카데미』에서 '가르친다는 것'을 이렇게 표현했습니다.

"가르친다는 것은 크리스마스트리 밑에 수백 개의 선물상자를 미리 가져다주는 일과 같다. 내가 더 이상 곁에 없어도 오랫동안 아이들은 계속해서 선물상자를 풀어볼 것이고 결국 우리가 선사한 영향을 깨닫게 될 것이다."

그림책을 학생들과 읽는 이유도 바로 이렇지 않을까요? 지금 당장 눈에 띄는 효과를 보기 위함이 아니라 학생들의 마음속에 선물상자를 차곡차곡 쌓아주는 일! 그러니 힘들고 지치더라도 결코 포기하지 마세요. 그림책이 선생님과 학생들의 마음을 잇는 가교가 되어 보다 건강하고 튼튼한 학급을 세울 수 있도록 도울 테니까요. 이 책을 읽는 모든 선생님의 행복한 학급을 진심으로 응원합니다.

2022년 2월
저자 대표 김성규

차례

- 여는 글 선생님과 학생들을 잇는 그림책의 힘 4

1 설레는 첫 만남

첫 만남, 즐겁게 인사해요 『인사』 14
서로의 마음을 알아보는 자기소개 놀이 『진짜 내 소원』 27
이럴 땐 이렇게 교사의 첫인사를 돕는 그림책 이야기 37

2 '나'와 '너'를 알아가기

나의 상징색 찾기 『저 마다 제 색깔』 42
놀고, 말하고, 이해하기 『나랑 놀자!』 53
서로 다른 우리 마음 『아홉 살 마음 사전』 67

3 서로 존중하기

특급 칭찬으로 서로의 장점 찾기 『기린은 너무해』 80
친구의 꿈을 응원하기 『완두』 93
생명과 가치 존중하기 『세상에서 가장 멋진 장례식』 104
이럴 땐 이렇게 학교 폭력 예방 교육을 돕는 그림책 117

4 더 많이 이해하기

상대의 시선으로 바라보기 『위를 봐요!』 122
새로운 시선으로 세상 보기 『나는 개다』 135
조금 다른 친구 이해하기 『스즈짱의 뇌』 150

5 올바르게 소통하기

부드럽게 말해요 『말 상처 처방전』 162
나의 감정을 정확히 표현해요 『곰씨의 의자』 175
감사에도 연습이 필요해요 『살아 있다는 건』 188
매일매일 칭찬 샤워 『에드와르도: 세상에서 가장 못된 아이』 199
우리 반 고민상담소 『내 말 좀 들어주세요, 제발』 216
이럴 땐 이렇게　갈등 상황에서 현명한 해결을 돕는 그림책 230

6 모두 함께 약속하기

모두의 행복을 지키는 학급 약속 『최고의 차』 236
모두를 위한 학급자치 『착해야 하나요?』 250
내 삶의 주인이 되는 생활 약속 『노를 든 신부』 264
환경을 생각하는 학급 약속 『우리의 섬 투발루』 275
잔반 없는 급식 약속 『모모모모모』 289
이럴 땐 이렇게　학년 말에 함께 읽기 좋은 그림책 299

부록　그림책 학급경영 Q&A 303
　　　　학급 유형별 4주 계획 308

찾아보기 310

1

설레는 첫 만남

1
첫 만남,
즐겁게 인사해요

새 학년 첫날의 교실은 언제나 어색합니다. 학생들뿐 아니라, 사실 선생님도 마찬가지죠. 아무렇지 않은 척, 노련한 베테랑인 척, 자신만만 여유 가득한 표정으로 학생들을 맞이하지만 콩닥거리는 심정과 땀이 삐질삐질 흐르는 이마까지 감출 수는 없습니다. 매년 우리는 그렇게 떨리는 첫 만남을 갖고는 합니다.

이런 어색한 분위기를 날려버리는 것은 역시 인사입니다. "선생님, 안녕하세요!" 하고 활기차게 인사하는 아이들, 수줍게 눈 마주치고 고개를 꾸벅 숙이며 교실로 들어오는 아이들. 저마다 인사하며 하루를 시작하는 친구들을 보고 있노라면 어느새 떨림이 설렘으로 바뀌는 듯한 느낌이 들지요. 이렇듯 서로를 환대하고 반갑게 맞이하는 '인사'의 중요성을 이야기하고 싶을 때 꼭 읽어주는 그림책이 하나 있습니다. 바로 김성미 작가의 『인사』입니다.

『인사』
김성미 지음, 책읽는곰

> 독서 전 활동

그림과 초성으로 제목 추측하기

    그림책을 읽기 전, 먼저 제목을 가린 상태로 책 표지부터 살펴봅니다. 서로 '찌릿' 째려보고 있는 여우와 늑대가 시선을 사로잡습니다. 주인공들의 표정만 보면 '인사'라는 제목이 전혀 떠오르지 않을 정도입니다. 표지 그림을 함께 살펴보며 먼저 그림책 제목이 무엇인지 추측해 봅니다. 늑대와 여우의 표정 때문인지 '싸움'이라는 단어가 가장 먼저 나오곤 합니다. 싸웠다가 화해하는 내용일 것 같다며 '화해'가 나오기도 하고, 단순하게 '늑대와 여우'를 말하는 친구도 있습니다. 학생들의 이야기를 충분히 듣고 난 뒤에 제목을 공개합니다. 제목을 바로 공개해도 좋고, 초성인 'ㅇㅅ'만 가르쳐 준 뒤 다시 한번 맞혀보게 해도 좋습니다. 제목이

'인사'라는 것을 알고 나면 학생들은 그림책의 내용을 더욱 궁금해합니다.

제목을 공개한 뒤 그림책을 바로 읽어주기보다는 내용을 상상해 보는 시간을 한 번 더 가집니다. 표지 그림에 있는 다양한 정보들을 조합해 상상력을 발휘해 이야기를 만드는 과정에서 학생들은 훨씬 그림책에 몰입하게 되기 때문입니다.

이때, 학생들의 자유로운 상상은 허용하되 외설적이거나 폭력적인 내용을 말하지 않도록 미리 가이드라인을 제시하는 것이 좋습니다. 상상해 보라고 하면 일부러 짓궂은 내용으로 전체 분위기를 흐리는 경우가 가끔 있기 때문입니다. 학생들은 각자 떠올린 내용을 짝과 나누는 시간을 갖습니다. 활동 시간은 5분 정도로 길지 않게 줍니다. 다음은 우리 반 학생들이 나눈 이야기들입니다.

-내 생각엔 늑대가 선생님이고, 여우가 학생인 것 같아. 여우가 전학을 왔는데 늑대가 선생님인 줄 모르고 인사를 안 해서 갈등이 생겼다가 선생님께 사과하면서 이야기가 끝날 것 같아.
-나는 늑대랑 여우가 가족인 것 같아. 여우가 사춘기가 되면서 삼촌인 늑대한테 인사를 안 하니까 늑대 삼촌도 화가 나서 여우를 본체만체할 것 같아. 그러다가 둘 다 엄마한테 혼나고 인사를 잘하게 되는 이야기 아닐까?

> －그림을 보니까 늑대보다 여우가 더 어려 보여. 여우는 열심히 늑대에게 인사했는데 늑대가 자꾸 무시하니까 결국 여우가 늑대한테 복수하는 내용일 것 같아.

어떤가요? 아이들의 상상이 나름 그럴듯하지요? 이렇게 먼저 내용을 예상해 본 뒤 그림책을 읽으면 학생들은 자신이 상상한 내용과 그림책의 내용을 비교해가며 더욱 즐겁게 독서 활동에 참여하게 됩니다.

독서 후 활동

이제 본격적으로 학생들과 그림책을 읽어 봅니다. 『인사』의 주요 내용은 이렇습니다. 여우 가족이 이사를 한 다음 날 아침, 여우와 늑대 아저씨는 문 앞에서 처음 마주칩니다. 그런데 엄마한테 혼나 기분이 안 좋은 여우와 늦잠을 자 시간이 없는 늑대는 서로 인사를 하지 못합니다. 둘은 '에잇! 다음에 할 수 있겠지, 뭐.'라며 대수롭지 않게 지나치지만 일은 점점 꼬여갑니다. 길가에서, 동네에서, 버스에서 매번 마주쳐도 이런저런 상황 때문에 인사를 나누지 못하지요. 결국 여우와 늑대 아저씨는 세상에서 둘도 없는 어색한 사이가 되어버립니다. 그저 인사만 안 했을 뿐인데 오해가 잔뜩 쌓여 버린 것이지요.

이미지 카드로 말해요: 인사 경험 나누기

그림책을 읽고 나면 인사와 관련된 학생들의 경험을 나눕니다. 이때 이미지 카드를 활용하면 학생들 이야기를 훨씬 쉽고 풍부하게 이끌어낼 수 있습니다. 활동 순서는 다음과 같습니다.

① 모둠별로 이미지 카드를 나눠줍니다.
② 각자 '인사' 하면 떠오르는 경험이나 감정을 생각해 봅니다.
③ 내 경험 또는 감정과 가장 비슷한 느낌의 이미지 카드를 고릅니다.
④ 포스트잇에 내 경험을 써서 이미지 카드 밑에 붙입니다.
⑤ 모둠원끼리 돌아가며 자기 경험을 이야기합니다.
⑥ 모둠 발표가 끝나면 몇몇 학생들의 경험을 전체 발표로 들어봅니다.

인사와 관련된 어떤 경험이라도 좋습니다. 분위기만 살짝 풀어주면 인사와 관련된 다양한 이야기가 쏟아집니다. 각자의 경험에 공감하고 웃는 과정에서 학생들은 자연스럽게 인사에 대해 깊이 생각해 보는 시간을 갖게 됩니다.

	제가 인사했는데 친구가 안 받아줘서 친구에게 삐쳤던 기억이 나요.
	교실에 들어올 때, 선생님이 계시면 사실 인사하는 게 조금 민망해요. 저도 크게 인사하고 싶은데 그게 잘 안 돼요.
	길 가다가 친구 만나면 되게 어색해요. 친구는 막 반갑다고 인사를 하는데 제가 그걸 다 못 받아주는 느낌이 들 때도 있어요.

이미지 카드를 활용한 인사 경험 나누기(이미지 카드: 도란도란 스토리텔링 이미지 카드)

공동체 인사 놀이: 인사와 친해져요

학생들의 인사 경험을 들어보면 긍정적인 경험만큼 부정적인 경험도 꽤 많습니다. 인사할 때 느끼는 어색함과 부끄러움을 즐거움으로 바꾸기엔 공동체 놀이만큼 좋은 활동이 없습니다. 특히 인사 놀이는 학기 초 친밀한 분위기를 만드는 데도 큰 도움이 됩니다. 교실에서 할 수 있는 다양한 인사 놀이를 몇 가지 소개합니다.

❶ 눈 맞춤 하이파이브 인사
- 제한 시간 3분 동안 교실을 돌아다닙니다.
- 눈이 마주치는 친구와 하이파이브 인사를 나눕니다.

- 반의 모든 친구와 인사하는 것을 목표로 합니다.

❷ 가위바위보 스티커 인사
- 교실을 돌아다니다 선생님이 "스톱!"을 외치면 옆에 있는 친구와 하이파이브를 합니다.
- 하이파이브를 한 친구와 가위바위보를 합니다.
- 진 사람이 "안녕, 반가워!"라고 하며 이긴 사람에게 먼저 인사합니다.
- 이긴 사람은 "그래, 나도 반가워!"라고 하며 진 사람 얼굴에 스티커를 붙여 줍니다.
- 제한 시간 5분 동안 가능한 한 많은 친구와 인사를 나눕니다.

❸ 가위바위보 기차 인사
- 교실을 돌아다니다 선생님이 "스톱!"을 외치면 옆에 있는 친구와 하이파이브를 합니다.
- 하이파이브를 한 친구와 반갑게 인사하며 가위바위보를 합니다.
- 진 사람이 이긴 사람 뒤로 가 어깨에 손을 올리면 한 팀이 됩니다.
- 팀끼리 만나 가위바위보를 합니다.

공동체 인사 놀이 활동 장면.

- 마지막에 두 팀이 남으면 맨 앞에 있는 친구 둘이 팀의 운명을 건 가위바위보를 3판 2선승제로 진행합니다.
- 승패가 결정되면 모두 하나의 기차가 되어 "만나서 반가워!"를 외치며 교실을 한 바퀴 빙 돌고 활동을 마무리합니다.

❹ 손가락 접기 인사
- 모두 손가락 5개를 폅니다.
- 발표자 한 명을 뽑아 "○○인 사람 인사해."라고 말합니다.
  (예: "안경 쓴 사람 인사해.")
- 해당되는 사람들은 자리에서 일어나서 "안녕, 반가워!"라고 인사하고 자리에 앉습니다.
- 인사를 한 친구는 손가락 한 개를 접습니다.
- 그다음 발표자 한 명을 뽑아 위 과정을 반복합니다.

- 가장 먼저 손가락 5개를 모두 접은 친구는 간단한 벌칙을 수행합니다. (만세하며 인사하기, 팔 벌려 뛰며 인사하기 등)

브레인스토밍 토론: 우리 반 인사 약속 정하기

인사를 즐겨 보았으니 이를 바탕으로 우리 반 인사 예절을 함께 약속해 볼 차례입니다. 브레인스토밍 토론을 활용해 그림책에서 발견할 수 있는 문제점을 확인하고 대안을 찾아보는 과정을 거치게 되면 그림책과 실생활을 자연스럽게 연결할 수 있습니다.

❶ 문제점 찾기

늑대 아저씨와 여우가 엇갈리게 된 이유 중 하나가 올바르게 인사하지 않았기 때문임을 떠올리며 그림책을 다시 한번 살펴봅니다. 늑대 아저씨와 여우가 어떤 실수를 했는지 생각해 보고 이를 빨간색 포스트잇에 써서 모아 봅니다.

- 인사를 했는데 무시했다.
- 큰 목소리로 잘 들리게 인사하지 않았다.
- 눈을 마주쳤는데 서로 모른 척했다.
- 한 번 인사를 안 하니 오해가 쌓여서 계속 안 하게 되었다.

❷ 대안 마련하기

문제점을 발견했다면 이번에는 대안을 고민할 차례입니다. 자신이 알고 있는 인사 예절을 떠올리고 우리가 실생활에서 꼭 지켜야 하는 인사 예절을 초록색 포스트잇에 적어 모아 봅니다. 브레인스토밍의 기본은 서로의 의견을 비판하지 않는 것이므로 최대한 많은 의견을 받는 데 집중합니다.

- 상대가 들을 수 있게 큰 목소리로 인사하기.
- 밝은 표정으로 인사 주고받기.
- 상대방이 어른이라면 허리를 숙이고 예의 바르게 인사하기.
- 나보다 나이 어린 사람이 인사를 하면 성의 있고 따뜻하게 받아 주기.

어떤가요? 늑대 아저씨와 여우에게 꼭 필요한 인사 예절인 동시에 우리가 지켜야 할 인사 예절이기도 하지요? 의외로 학생들은 인사 예절을 잘 알고 있고 이를 실천하려는 의지도 가지고 있습니다. 이렇게 모은 의견을 바탕으로 1년 동안 우리가 지킬 인사 약속을 정합니다.

- 눈을 마주치고 반갑게 인사해요.
- 따뜻하고 성의 있게 인사를 받아요.
- 서로 무시하지 않고 먼저 인사하려고 노력해요.

함께 정한 인사 약속은 교실에 잘 보이게 게시하고 1년 내내 꾸준히 실천할 수 있도록 독려해 줍니다. 반갑게 나누는 인사 하나만으로도 우리의 관계가 더 따뜻해질 수 있음을 기억하도록 말이지요.

 '인사 약속 정하기'는 꼭 첫날 하지 않아도 괜찮아요. 어느 정도 학급 분위기가 친숙해지고 난 뒤에 학급 규칙 만들기와 함께 진행해도 좋습니다.

소감 나누기

활동을 마친 후에는 수업 소감을 나눕니다. '인사'에 대해 다시 한번 생각하는 시간이기도 하니 짧게라도 소감을 이야기하는 것이 좋습니다. 다음은 수업 후 아이들이 들려준 소감의 일부입니다.

- 인사는 다른 사람에게 나를 즐겁게 표현하는 가장 쉬운 방법이다.
- 인사예절을 잘 알게 되었고, 놀이를 통해 인사를 하니 정말 재밌었다.
- 인사는 마음을 나누는 행동인 것 같다. 귀찮아서 안 할 때도 있었는데 이제 매일매일 잘 해야겠다고 다짐했다.
- 놀이였지만 반갑게 인사해주는 친구들이 너무 고마웠다. 이 마음을 오래 간직할 것이다.

▶▶▶▶▶

인사 수업을 마치고 나면 신기하게도 학생들은 인사하고 싶은 마음이 생기나 봅니다. 선생님이 시키지 않았는데도 서로 눈 마주칠 때마다 깔깔거리며 "안녕!" 하고 인사하는 학생들이 늘어나거든요. 인사 안 하고 데면데면 지나치는 모습을 보며 서운해하거나 매번 학생들에게 "인사해야지."라고 잔소리하는 대신 『인사』로 그림책 수업을 진행해 보세요. 한 번의 수업으로도 눈에 띄는 변화를 확인할 수 있답니다.

- 그림책 더 보기

1 또박또박 반갑게 인사해요 (안미연 글, 홍효정·홍우정 그림, 상상스쿨)
인사말을 잘 몰라 매번 실수하는 로봇 포포가 올바른 인사법을 알아 나가며 때와 장소에 알맞은 인사 예절을 익힙니다.

2 인사를 나눠 드립니다 (이한재 지음, 킨더랜드)
어색한 엘리베이터 안, 주인공의 우렁찬 인사가 울려 퍼집니다. 용기 내어 건네는 인사가 서로에게 행복을 전하는 열쇠가 되는 마법을 경험하게 해줍니다.

3 안녕, 안녕, 안녕』 (김효정 지음, 머스트비)
항상 환하게 웃으며 인사하는 주인공을 통해 인사의 즐거움과 인사가 어려운 일이 아님을 배웁니다.

4 심술쟁이 니나가 달라졌어요 (피에르 빈터스 글, 바바라 오르텔리 그림, 지명숙 옮김, 다림)
떼쓰기 대장 니나가 예의 바른 서커스단에 초대되어 인사하기, 차례 지키기 등 예절을 배우며 성장해 가는 과정을 보여줍니다.

2
서로의 마음을 알아보는
자기소개 놀이

학년 초, 학생들이 가장 어려워하는 활동 중 하나가 바로 자기소개입니다. 자신을 소개해 보라고 하면 "할 말 없는데요."라고 대꾸하기 일쑤죠. 생각해 보면 어른들도 마찬가지입니다. '나'에 대해 자신 있게 말할 수 있는 사람이 과연 몇이나 될까요? 나를 사랑해야 다른 사람들을 사랑할 수 있다는 걸 알면서도 우리는 참 자신을 돌아보는 데 인색하기만 합니다. 학년을 시작하며 자연스럽게 자기소개를 나눌 때, 학생들이 더 많이 자신을 사랑하고, 서로를 따뜻하게 바라봤으면 하는 마음을 담아 읽어 주는 그림책이 있습니다. 바로 이선미 작가의 『진짜 내 소원』입니다.

『진짜 내 소원』
이선미 지음, 글로연

독서 전 활동

무슨 소원일까?

그림책을 읽기 전, 표지 그림만 보여주거나 제목의 일부를 가린 뒤 단계적으로 공개하면서 전체 제목을 예상해 봅니다. 제목에서 '소원'이라는 두 글자만 보여주며 표지에 무엇을 그린 것 같은지 물어보면 너나 할 것 없이 소원을 들어주는 램프라고 이야기합니다. '세 가지 소원' '완벽한 소원' 등 그림책의 제목을 추측하느라 학급 분위기는 금세 왁자지껄해집니다. 당황해서 이상한 소원만 늘어놓게 된 상황을 상상한 제목 '망해버린 소원'도 눈길을 끕니다. 역시 학생들이 가장 좋아하는 것은 상상하고 표현하기라는 걸 다시금 깨닫게 되는 순간입니다.

학생들의 다양한 의견을 듣고 난 뒤, '진짜 내 소원'이라는 제목을 천천히 공개합니다. 제목을 확인하는 순간만큼은 시끌벅적했던 교실도 어느새 조용해지지요.

> 독서 중 활동

소원 초성 놀이: 내 마음 들여다보기

『진짜 내 소원』은 학생들의 예상처럼 램프를 찾은 아이와 소원을 들어주는 지니의 이야기를 그린 그림책입니다. 하지만 아이는 자신의 진짜 소원을 발견하지 못한 채, 두 가지 소원을 허무하게 날려버리고 말지요. 지니는 안타까운 표정으로 아이에게 '네 마음속 진짜 소원'을 말하라고 이야기합니다. 천천히 마음을 들여다보던 아이는 "세 번째 소원은 일 년 뒤에 말할게."라고 말하며 지니와 잠시 작별합니다. 이 부분까지 읽고 난 뒤, 책을 잠시 덮고 다음과 같이 안내합니다.

💬 과연 주인공은 자신의 진짜 소원을 찾아서 말할 수 있을까요? 자신의 마음을 오롯이 들여다보는 것은 생각보다 쉽지 않아요. 어쩌면 『진짜 내 소원』 속 아이의 모습은 우리 자신, 그리고 우리 반의 모습이 아닌가 하는 생각도 드네요. 그래서 책의 결말을 보기 전에 우리도 '나'와 내가 좋아하는

것에 대해 즐겁게 이야기할 수 있는 '소원 초성 놀이'를 먼저 해보려고 합니다.

소원 초성 놀이는 보드게임 '테마틱'의 규칙을 변형한 놀이입니다. 한글 초성을 활용한 놀이기 때문에 각 모둠에 나눠줄 14장의 초성 카드를 미리 만들어 놓아야 합니다. 쌍자음 5개를 추가할 수도 있습니다. 놀이 방법은 다음과 같습니다.

① 초성 카드 5장을 무작위로 뽑아 세로로 정렬합니다.
② 각자 다른 색깔의 포스트잇을 15장씩 가져갑니다.
③ 선생님이 주제를 말합니다. 주제는 학생들이 쉽게 생각해 볼 수 있는 것으로 제시하면 좋습니다. (예: 나를 행복하게 하는 것은? 내가 가고 싶은 나라는?)
④ 학생들은 초성 카드를 살펴보고 주제에 어울리는 단어를 생각해 포스트잇에 적어 해당 초성 옆에 붙입니다. 예를 들어 주제가 '나를 행복하게 하는 것은?'이고 'ㄱ' 초성 카드가 있다면 '가족'이라고 쓰고 'ㄱ' 옆에 붙이는 식입니다.
⑤ 제한 시간 1분 동안 5개의 초성 카드에 각자 생각한 단어들을 붙입니다.
⑥ 각자 점수를 계산합니다. 5개의 초성에 모두 포스트잇을 붙였다면 5점, 4개라면 4점 순으로 점수를 가져갑니다.

⑦ 각자 붙인 포스트잇을 보고 이야기 나눕니다. 궁금한 점을 물어보고 대답하는 시간입니다. 선생님이 돌아다니며 전체적으로 단어를 살피고 특색 있는 단어에 대해 전체 인터뷰도 진행합니다.

⑧ 주제를 바꿔 총 3~5회 진행하고, 최종 점수를 계산해 가장 높은 점수를 얻은 사람이 승리합니다.

 소원 초성 놀이 카드를 만들 때는 빈 카드를 활용하세요. 한 번 만들면 1년 내내 활용할 수 있어요. 빈 카드는 '팝콘에듀'와 같은 교구 사이트에서 구입 가능합니다.

1라운드는 가볍게 연습해 보는 의미에서 "내가 좋아하는 동물은?"이라는 주제를 주었습니다. 주제를 듣자마자 너나 할 것 없이 초성에 맞는 동물들을 재빨리 붙이느라 바쁩니다. 이때, 다른 친구와 좋아하는 동물이 겹쳐도 상관없습니다. 다만, 내가 '좋아하는' 동물이기 때문에 승부에만 집착해서 좋아하지도 않는 동물을 쓰지 않도록 미리 안내해 주는 것이 좋습니다. 이 활동은 승패가 중요한 놀이가 아니기 때문입니다. 라운드가 끝나면 주제에 대해 모둠별로 이야기 나누는 시간을 가집니다. 시간 가는 줄 모르고 자기 이야기를 하는 학생들의 모습은 그 자체만으로도 참 예쁩니다.

2~3라운드도 동일한 방식으로 진행했습니다. 2라운드의 주제

는 '선물상자를 열었을 때 내가 갖고 싶은 것', 3라운드의 주제는 '나를 행복하게 하는 것'이었습니다.

초성 놀이 활동 장면.

선생님은 아이들이 라운드마다 하는 대화를 잘 듣고 있다가 모두에게 공유하면 좋겠다 싶은 내용이 나오면 전체 인터뷰를 진행합니다.

💬 시은이는 '나를 행복하게 하는 것'에 구름을 적었네요. 왜 구름을 적었어요?

— 저는 'ㄱ'을 보자마자 구름이 생각났어요. 구름을 보고 있으면 마음이 편안해져서 걱정이 사라져요. 또 방에서 혼자 구름을 멍

하니 쳐다보면 시간도 되게 잘 가요. 요즘에 '불멍'이 유행이라고 하는데 저는 '구름멍'이 좋아요.

이렇게 눈에 띄는 단어나 문장을 적은 친구에게 왜 이런 단어를 적었는지 묻고 답하는 시간을 가지다 보면 자연스럽게 '아, 저 친구는 저럴 때 행복을 느끼는구나!', '쟤는 이런 걸 슬퍼하는구나!'를 알 수 있습니다. 놀이하는 내내 자신에 관해 썼는데 게임이 끝날 때쯤엔 놀랍게도 서로를 이해하는 순간을 맞이하는 것이지요. 학생들은 내 마음을 들여다볼 뿐 아니라 서로의 생각과 마음까지 이해하는 과정을 놀이로 재미있게 즐깁니다.

> 독서 후 활동

진짜 내 소원 쓰기

초성 놀이를 끝내고 난 뒤, 그림책의 마지막 부분을 함께 읽습니다. 약간의 반전이 숨어 있는 결말이지만 그림책 속 아이는 결국 '진짜 내 소원'을 찾아내는 데 성공하지요. 책에서는 끝내 아이의 '진짜 내 소원'이 무엇인지 말해주지 않습니다. 추측하는 일은 오롯이 독자의 몫이죠.

💬 주인공이 찾은 '진짜 내 소원'은 무엇이었을까요?

- 학원 안 가기요! 학원만 안 가도 놀 시간이 많아지니까요.

- 핸드폰이요! 친구들이랑 게임도 하고 연락도 할 수 있으니까요.

- 게임에서 좋은 아이템 뽑기요.

- 세계 일주 하는 거요.

재밌게도 각자의 경험만큼이나 생각들이 모두 다릅니다. 이제 초성 놀이를 통해 들여다본 여러 가지 생각과 그림책 결말을 보

학생들이 쓴 '진짜 내 소원'.

며 떠오르는 경험을 토대로 만약 내가 『진짜 내 소원』 속 주인공이라면 어떤 소원을 빌었을지 써 보기로 합니다. 이때 나의 소원과 그 소원을 비는 이유를 풍성하게 쓸 수 있도록 독려해 주는 것이 중요합니다. 가능하다면 온라인 도구인 패들렛 활용을 추천합니다. 패들렛은 친구들이 쓴 글을 실시간으로 확인할 수 있을 뿐 아니라 이미지 첨부와 '좋아요' '댓글' 등의 기능이 있어서 보다 역동적인 독후 활동을 가능케 합니다.

이렇게 '진짜 내 소원'이 무엇일지 생각해 글로 옮기는 활동을 통해 학생들은 자신이 무엇을 원하는지 분명하게 표현할 수 있답니다.

▶▶▶▶▶

『진짜 내 소원』은 우리 마음에 어떤 것들이 숨어 있는지, 또 우리가 얼마나 같고 다른지를 함께 이야기할 수 있는 좋은 그림책입니다. 아직은 서로를 잘 알지 못하는 학기 초에 형식적인 자기소개 대신 그림책과 함께 각자의 마음을 들여다보는 시간으로 채워 나가면 어떨까요? 자연스럽게 깊어지는 유대감 속에서 분명히 조금 더 따뜻하고, 단단한 학급 경영의 뿌리를 세울 수 있을 겁니다.

• 그림책 더 보기

1 내 마음 ㅅㅅㅎ (김지영 지음, 사계절)
'ㅅㅅㅎ' 세 글자의 초성으로 여러 가지 상황과 마음을 들여다볼 수 있는 그림책입니다. 재미있는 언어유희는 덤!

2 마음여행 (김유강 지음, 오올)
갑자기 '톡'하고 굴러떨어져 사라져 버린 마음. 내 마음을 찾기 위한 여정 속에서 한 뼘 더 성장하는 주인공의 이야기를 담아냈어요. 마음 여행을 떠나는 주인공의 모습에서 일상을 살아가는 우리의 모습을 보게 됩니다.

3 이게 정말 마음일까? (요시타케 신스케 지음, 양지연 옮김, 주니어김영사)
누군가가 싫어질 때, 혼내 주거나 골탕 먹이고 싶을 때, 안 좋은 일이 잔뜩 일어났을 때… 여러 가지 좋지 않은 상황 속 피어나는 '미움'을 유쾌하고 즐겁게 풀어냅니다.

• 이럴 땐 이렇게 •

교사의 첫인사를 돕는 그림책 이야기

3월 첫 만남, 선생님은 어떻게 '첫인사'를 하시나요? 첫 만남인데 칠판에 이름만 적고 끝내기엔 아쉽다는 생각에 저는 그림책 한 권을 골라 읽어 주기 시작했습니다. 부드럽고 따뜻한 분위기 속에서 교사가 지향하는 교육 철학도 함께 전달할 수 있기 때문이지요. 교사의 첫인사를 도와주는 그림책 두 권을 소개합니다.

1 선생님은 몬스터! (피터 브라운 지음, 서애경 옮김, 사계절)

강렬한 제목과 표지로 학생들의 시선을 사로잡는 그림책입니다. 어딘지 모르게 괴팍해 보이는 선생님과 "선생님은 몬스터!"라고 당당하게 말하는 개구쟁이 바비의 모습이 웃음을 자아내기도 하지요. 이 그림책은 서로의 단점만 보던 두 사람이 뜻밖의 계기로 가까워지는 사건을 따뜻하고 유쾌하게 그려내고 있어요. 소통을 통해 느끼는 기쁨과 놀라움뿐 아니라 따뜻한 시선으로 상대를 바라볼 때 비로소 온전히 이해할 수 있음을 알게 하는 책이기도 하지요. 이 그림책을 읽고 난 뒤에 학생들에게 이렇게 말해주세요.

"어때요? 그림책 재미있었나요? 선생님도, 바비도 서로가 따뜻하고 인간적인 면모를 가지고 있다는 것을 알게 되어 참 다행인 것 같아요. 돌이켜보면 우리도 마찬가지예요. 여러분 앞에 서 있는 선생님은 완벽하지 않아요. 물론 여러분도 완벽하지 않지요. 하지만 우리는 1년 동안 함께할 '우리 반'입니다. 선생님은 여러분의 좋은 점을 더 많이 보려고 노력할게요. 여러분도 선생님과 곁에 있는 친구들의 좋은 점을 더 많이 보려고 노력해 주세요. 1년 동안 잘 부탁해요."

2 루빈스타인은 참 예뻐요 (펩 몬세라트 지음, 이순영 옮김, 북극곰)

이 그림책의 주인공 루빈스타인은 참 예쁜 여인입니다. 보석 같은 눈, 조각 같은 코, 새처럼 우아한 손짓, 춤을 추는 듯한 걸음걸이까지 모든 것이 완벽하지요. 하지만 아무도 루빈스타인이 예쁜 것을 모릅니다. 왜 아무도 모를까요? 여기에는 놀라운 반전이 하나 숨어 있습니다. 루빈스타인은 얼굴에 덥수룩하게 수염이 난 여인이기 때문입니다. 사람들은 루빈스타인의 덥수룩한 수염만 쳐다보느라 아름다움을 알아채지 못합니다. 그러던 어느 날, 루빈스타인의 아름다움을 알아챈 유일한 남자 파블로프가 등장하며 이야기는 예상치 못한 방향으로 흘러갑니다. 외롭고 힘들 때 가장 필요한 건 어쩌면 누군가의 위로와 편견 없는 시선이라는 걸 이 책은 제목만큼이나 '참 예쁘게' 이야기하고 있습니다. 책을 읽고 학생들과 이런 첫인사를 나누셔도 좋아요.

"루빈스타인의 수염처럼, 파블로프의 코끼리 코처럼 우리에게는 다른 사람들과 다른 특징이 있답니다. 하지만 우리는 서로 달라서 아름답습니다. 루빈스타인의 예쁜 눈을 이해하는 파블로프와 파블로프의 따뜻한 마음을 받아주는 루빈스타인처럼 서로 다른 우리가 존중하고 이해할 때 우리 반도 더 행복해질 수 있어요. 우리 1년 동안 함께 서로의 예쁘고 좋은 점을 더 많이 바라보는 행복한 학급이 되어요."

2

'나'와 '너'를 알아가기

1
나의 상징색 찾기

동물들은 저마다의 색을 가지고 있습니다. 회색 코끼리, 빨간 금붕어, 줄무늬 호랑이…. 반면에 카멜레온은 주변의 환경에 따라 색이 변하는 동물입니다.

"영원히 나만의 색을 갖지 못하는 걸까?"

레오 리오니의 『저마다 제 색깔』은 카멜레온의 이러한 고민을 그려낸 그림책입니다. 간결한 그림과 선명한 색상, 그리고 다정한 이야기가 펼쳐지는 카멜레온의 여정을 따라가다 보면 주변에서 발견할 수 있는 여러 가지 색들을 이해하는 동시에 '나만의 색'도 고민하게 되지요. 나를 보여주는 3월 첫 주, 『저마다 제 색깔』을 읽으며 1년 내내 나를 대표할 수 있는 상징색을 찾아보면 어떨까요?

『저마다 제 색깔』
레오 리오니 지음, 이명희 옮김, 마루벌

> 독서 전 활동

'너도? 나도!': 색깔 이미지 놀이

수업을 시작하며 학생들에게 오늘 읽을 그림책의 제목은 『저마다 제 색깔』이라고 알려줍니다. 그림책 제목처럼 정말 색깔로 누군가를 연상할 수 있는지 알아보기 위해 먼저 '색깔 이미지 놀이'를 진행합니다. 놀이 방법은 보드게임 '너도? 나도!'의 규칙을 가져온 것이라 매우 간단합니다.

① 선생님이 주제어를 말하고 색깔 하나를 먼저 보여줍니다. (예: 주제어 '동물', 색깔은 회색)
② 학생들은 색깔을 보고 연상되는 동물을 적습니다. (예: 회색-코끼리)

③ ①, ②와 같은 방법으로 여덟 가지 색깔을 보여주고 여덟 가지 동물을 적도록 합니다.
④ 학급번호 1번부터 발표자가 되어 색깔과 연상한 동물을 말합니다. (예: 노란색-병아리)
⑤ 발표자와 같은 답을 쓴 학생들은 손을 듭니다.
⑥ 손을 든 사람 수만큼의 점수를 발표자와 손을 든 학생 모두 가져갑니다.
⑦ 돌아가며 발표자가 되어 답을 부르고 점수를 계산합니다.
⑧ 마지막에 가장 높은 점수를 얻은 사람이 우승자가 됩니다.

📅 '너도? 나도!' 활동지

너도? 나도!

학년   반   이름_____

번호	색깔	동물	점수
1	회색		
2			
3			
4			
5			
6			
7			
8			

'너도? 나도!' 색깔 이미지 놀이를 해보면 재미있는 결과가 나오곤 합니다. 색깔을 보고 연상하는 단어가 거의 비슷하거든요. 결과를 보며 학생들도 너 나 할 것 없이 신기하다는 반응입니다.

> 미리 의논한 것도 아닌데 색깔만 보고 다들 비슷한 단어를 연상했네요. 우리는 이렇듯 모든 생명체가 '저마다 제 색깔'이 있음을 자연스럽게 인식하면서 살아가고 있어요. 오늘 읽을 그림책 제목인 '저마다 제 색깔'의 의미가 무엇인지 짐작이 가지요? 그럼 본격적으로 그림책을 살펴봅시다.

그림책 표지 살피기

먼저 표지에 무엇이 보이는지, 모양은 어떤지, 색깔은 어떤지 등 표지에서 발견되는 '사실'적인 정보를 찾아봅니다. 귀여운 카멜레온 그림과 알록달록한 색깔이 눈길을 끕니다. 다음으로는 '상상'을 해 봅니다. 책에서 어떤 내용이 펼쳐질지, 왜 카멜레온이 표지에 있는지 생각을 나눠 봅니다. 표지를 충분히 읽었다고 느껴질 때쯤 카멜레온은 무슨 색깔인지 묻습니다. 초록색, 갈색, 정해진 색이 없다 등 다양한 답이 나옵니다. 바로 앞의 활동에서 생명체 모두 '저마다 제 색깔'을 갖고 있다고 이야기 나눴는데 카멜레온의 색을 정의하기란 쉽지 않습니다.

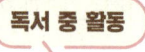

이 감정? 이 색깔!

책 표지를 넘기면 속지에 서로 다른 색을 가진 카멜레온이 등장해 앞으로 펼쳐질 내용에 대한 궁금증을 불러일으킵니다. 책에는 색을 나타내는 다양한 낱말과 그 색을 대표하는 동물들이 나옵니다. 초록 앵무새, 빨간 금붕어, 분홍 돼지 등 학생들에게 친숙한 동물과 색깔이 간단한 문장으로 표현되어 있습니다. 다른 동물들처럼 자신만의 색을 갖고 싶었던 카멜레온은 초록색으로 있기 위해 나뭇잎 위에 올라갑니다. 그러나 계절이 흐르며 나뭇잎 색이 바뀌어 가자 카멜레온도 더는 초록색으로 있지 못합니다. 이때 색깔과 함께 변해가는 카멜레온의 표정에 주목해 학생들과 이야기를 나눕니다.

💬 카멜레온이 초록색일 때와 검은색일 때 표정이 어때 보이나요?

- 초록색일 때는 행복해 보이고, 검은색일 때는 슬퍼 보여요.

💬 맞아요. 색깔이 주는 느낌을 카멜레온도 아는 것 같죠? 우리도 평소에 느끼는 감정들을 색깔로 표현해 볼까요?

학생들에게 대표적인 네 가지 감정(기쁨, 슬픔, 화남, 두려움)에 대해 떠오르는 색깔과 그 색을 떠올린 이유를 간단히 적어보게 했습니다. 다음은 학생들이 선택한 색깔입니다.

기쁨	- 하늘색: 상쾌하고 기분 좋은 느낌이 들어서 - 연두색: 싱그럽고 밝은 색깔이라서
슬픔	- 파란색: 눈물이 차올라 온 세상이 파랗게 물들 것 같아서 - 회색: 너무 슬프면 감정이 색깔을 잃어버리는 기분이라서
화남	- 빨간색: 열 받으면 얼굴이 빨개지니까 - 주황색: 빨갛게 변하기 직전의 모습
두려움	- 검은색: 너무 무서워 앞이 캄캄해지는 느낌이라서 - 남색: 점점 세상이 어두워지는 듯한 기분이 드니까

감정과 색깔을 연계해 보면서 학생들은 세상에 존재하는 색깔이 단순한 '색'이 아니라 여러 가지 느낌과 감정을 담고 있다는 것을 깨닫게 됩니다. 카멜레온이 왜 그토록 자신만의 색깔을 찾고 싶어 했는지도 이해하게 되지요.

활동이 끝나면 그림책의 마지막 부분을 읽습니다. 긴 겨울을 지나 봄을 맞이한 카멜레온들이 말합니다. "우리는 우리만의 색을 가질 수는 없겠지?" 우울해하는 그들 앞에 연륜 있는 카멜레온이 등장해 마음에 와닿는 현명한 대답을 들려줍니다. 알록달록 색이 바뀌는 카멜레온의 표정만큼 독자들의 표정도 환해지지요.

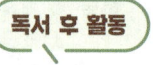

나의 상징색 찾기

『저마다 제 색깔』을 끝까지 읽고 나면 책 속 주인공처럼 나만의 색을 찾아보고 싶다는 마음이 자연스럽게 일어납니다. 카멜레온처럼 나를 상징하는 색깔을 고민하다 보면 자연스럽게 자신과 마주할 수 있을 테니까요. '나의 상징색' 찾기는 다음과 같은 순서로 진행합니다.

① 내가 좋아하는, 혹은 나와 비슷한 동식물이나 물체를 선택합니다.
② 선택한 물체를 A4용지 안에 크게 그립니다. 이때 테두리만 그리도록 합니다.
③ 테두리 안쪽을 가위로 잘라내 물체 모양의 구멍이 만들어지게 합니다.
④ 구멍 난 종이를 들고 밖으로 나갑니다.
⑤ 여러 풍경에 종이를 대어 보며 자연 속 다채로운 색깔을 감상합니다.
⑥ 그중에서 마음이 가장 편안해지거나 나를 잘 표현하는 색깔을 고릅니다.
⑦ 구멍 안에 마음에 드는 색깔을 채운 상태에서 사진을 찍습니다.

그림 안쪽을 도려내는 구멍은 가위로 종이 가장자리에서 그림 외곽선까지 직선으로 자른 뒤 외곽선을 따라 그대로 가위질을 하면 좀 더 쉽게 만들 수 있습니다. 가장자리의 잘린 부분은 뒷면에서 테이프로 고정합니다.

종이를 들고 밖으로 나가 색을 관찰하기에 앞서 학생들에게 잠시 눈을 감도록 한 다음 이렇게 이야기해 주어도 좋습니다.

💬 여러분, 눈을 감고 지금 불어오는 바람을 느껴보세요. 기분이 어떤가요? 숨을 크게 들이쉬면서 공기의 냄새도 맡아보세요. 어떤 냄새가 나나요? 지금부터 여러분은 1년 내내 여러분을 상징할 '나의 상징색'을 찾을 거예요. 내 마음속 소리에 귀 기울이면서 나와 가장 비슷한, 나를 가장 잘 표현할 수 있는 색깔을 찾아보세요. 예쁜 색깔이 아닌, '나'의 색깔을 찾길 기대하겠습니다.

자유롭게 돌아다니며 색을 관찰하고 자신의 상징색을 찾는 학생들의 표정이 사뭇 진지합니다. 각자 들고 있는 종이에는 유명 캐릭터부터 꽃, 구름, 물고기, 새 등 다양한 모양의 구멍이 나 있습니다. 그 구멍으로 세상을 바라보니 익숙했던 것들도 낯설게 느껴집니다. 우리 주변에 이렇게 많은 색깔이 있었나 하는 생각이 들 정도지요. 학생들은 연신 종이를 들고 내리며 1년 내내 쓸 자신의 상징색을 찾는 데 여념이 없습니다. 마음에 드는 색깔을 찾았다면 핸드폰으로 종이와 함께 사진을 찍습니다. 나를 상징하는 물체와 색깔이 사진 하나에 담기는 셈이죠.

학생들이 표현한 '나의 상징색'.

상징색 온라인 전시회

사진을 찍고 교실로 돌아오면 '띵커벨 보드'(또는 패들렛)를 활용해 사진을 게시하고, 왜 이 모양과 색깔이 나를 상징하는지 간단히 적습니다. 같은 색을 골라도 이유는 모두 다릅니다. 모든 학생이 다 올리면 이제 온라인 전시회를 합니다. 친구들의 글과 사진을 읽고 '좋아요'와 댓글로 반응합니다. 친구를 응원하고 격려하는 댓글을 다는 과정에서 학생들은 서로에 대해 조금 더 알게 되고 유대감을 느낍니다. 마치 친구와 함께여서 더 이상 외롭지 않은 『저마다 제 색깔』의 카멜레온처럼요.

 띵커벨 보드 유형은 '타일형'(패들렛은 '셸프')을 추천합니다. 번호대로 그룹을 만들어 놓으면 누가 어떤 사진을 올렸는지 한눈에 확인 가능합니다. 댓글과 '좋아요'도 모두 열어 놓습니다.

상징색 온라인 전시회.

▶▶▶▶▶

『저마다 제 색깔』을 통해 학생들이 찾은 색깔들은 1년 내내 교실을 무지갯빛으로 물들게 합니다. 저마다의 색깔이 한데 모여 각자의 개성을 인정하면서 또 조화롭게 살아가는 것. 그것이 우리 교육이 나아갈 방향이 아닐까요? 쉽고 단순하지만 의미 있는 그림책 수업을 통해 흔들리지 않는 옹골찬 학급 세우기를 시작하셨으면 좋겠습니다.

- 그림책 더 보기

1 고양이 피터: 난 좋아 내 하얀 운동화 (에릭 리트윈 글, 제임스 딘 그림, 이진경 옮김, 상상의힘)
까만 고양이 피터는 하얀 운동화를 신고 기분이 좋아 노래를 부릅니다. 길을 걷다 보니 운동화 색이 점점 변해가는데, 그럼에도 노래를 계속 부르는 피터의 모습이 선명한 색감과 함께 독자의 마음을 밝혀 줍니다.

2 컬러 몬스터: 감정의 색깔 (아나 예나스 지음, 김유경 옮김, 청어람아이)
뒤죽박죽 몸의 색깔처럼 감정이 섞인 몬스터. 곁에 있는 친구가 얽히고설킨 색깔을 하나씩 알려주며 감정을 정리할 수 있도록 도와줍니다. 색깔에 따른 감정마다 어울리는 그림들이 팝업으로 나타나 보는 재미를 더합니다.

2
놀고, 말하고, 이해하기

모든 교육은 재밌어야 합니다. 아무리 훌륭하고 가치 있는 내용이더라도 재미가 없으면 학생들은 제대로 듣지 않기 때문이지요. 그림책으로 엮어 가는 교실살이도 마찬가지입니다. 학생들과 함께 읽는 그림책은 어떤 식으로든 재밌어야 합니다. 다양하게 상상하고, 자유롭게 표현할 수 있도록 도와주는 그림책이라면 더더욱 좋겠지요. 이 조건에 찰떡처럼 들어맞는 아주 재밌는 그림책이 하나 있습니다. 바로 정진호 작가가 쓰고 그린 『나랑 놀자!』입니다. 그림책으로 웃고, 떠들고, 즐기는 시간 속에서 학생들은 서로의 다름을 인정하고 이해하는 시간을 맞이하게 될 것입니다.

『나랑 놀자!』
정진호 지음, 현암주니어

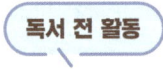

경고: 함부로 책을 넘기지 마시오

그림책 표지 살피기는 독서 전에 매번 하는 활동이지만 『나랑 놀자』의 표지는 조금 더 특별합니다. '경고: 함부로 책을 넘기지 마시오.'라는 글귀가 시선을 사로잡기 때문입니다. 예로부터 하지 말라고 하면 더 하고 싶은 법. 책을 넘기지 말라고 하니 왠지 더 넘겨보고 싶어집니다. 학생들에게 왜 함부로 책을 넘기지 말라고 하는지 물어보니 여러 가지 대답들이 쏟아집니다.

- 주인공이 귀신이라서 죽을 수도 있는 곳 아닐까요?
- 들어가면 끝도 없이 계속 놀아야만 하는 곳일 것 같아요.
- 그림이 뭔가 공사장 느낌이 나요. 되게 위험한 곳인가 봐요.

물론 정답은 없습니다. 학생들의 이야기 하나하나가 모두 정답이지요. 모두 그럴싸한 대답이라고 치켜세우며, 책을 넘길 것인지 말 것인지 여러분이 결정해 달라고 해보세요. 분명 선생님의 말이 끝나기도 전에 약속이나 한 것처럼 "넘겨요!"라는 외침이 교실을 울릴 것입니다. 이렇듯 찰나의 순간이지만 자유롭게 생각하고 부담 없이 표현하는 독서 전 활동을 통해 학생들은 그림책에 저마다의 재미를 느끼게 됩니다.

독서 중 활동

책을 넘기자마자 개구쟁이 친구 한 명이 불쑥 등장해 이렇게 말합니다.

"책을 펼친 이상 너는 나랑 놀아 줘야 해. 그게 이 책의 규칙이야. 너무 겁먹진 마. 재미있게 놀면 돼."

책 속 친구의 말처럼 『나랑 놀자!』에는 수많은 놀이가 다양하게 펼쳐집니다. 손가락으로 빨간 선을 따라 긋기도 하고, 다른 그림 찾기도 하고, 그림을 그리기도 하고, 춤도 추지요. 이 중에서 서로의 다름을 자연스럽게 이해하기 위한 그림책 놀이 두 가지를 소개합니다.

우리가 만든 동물원: 상상 그림 놀이

『나랑 놀자!』의 내용 중 아무것도 보이지 않는 캄캄한 동물원 속 다섯 마리 동물들을 상상하는 놀이가 있습니다. 학생들은 과연 어떤 동물을 상상할까요? 학생들에게 포스트잇을 5장씩 나눠주고 각자 그리고 싶은 동물을 마음껏 그리게 합니다. 땅에 사는 동물뿐 아니라 물에 사는 동물, 하늘을 나는 동물 등을 그리라고 독려하면 보다 다양한 동물들을 만날 수 있습니다. 물론 꼭 동물이 아니어도 괜찮습니다. 동물원에 있을 법한 또 다른 것들을 그려도 좋습니다.

학생들이 그림을 그리는 동안 경쾌한 느낌의 배경음악을 틀어줍니다. 그리기 활동에 더욱 생동감을 줄 수 있을 뿐 아니라, 음악이 끝날 때까지만 활동한다고 미리 약속하면 보다 정돈된 수업 분위기를 만들 수 있습니다. 그림을 다 그린 후에는 칠판에 도화지를 올리고 그 위에 각자 그린 동물들을 붙여 봅니다. 포스트잇이 늘어날수록 아주 그럴듯한 동물원이 완성되지요.

이제 학생들의 그림을 하나씩 살펴보며 어떤 동물인지 맞혀 보는 시간을 갖습니다. 친구들의 그림을 확인할 때마다 정답을 맞히려는 학생들의 왁자지껄한 목소리와 폭소가 터집니다. 평소에 조용했던 친구들도 목소리가 커질 정도죠. 잘 그린 그림보다 개성 있는 그림일수록 더욱 재밌습니다. 원숭이, 코끼리 같은 익숙

학생들이 그린 동물 그림들.

한 동물들과 상상의 동물인 유니콘, 동물원 귀신까지 저마다의 상상력이 돋보이는 그림들이 어우러집니다. 그림 실력과 관계없이 모두가 재밌게 즐길 수 있다는 것이 그림 놀이의 가장 큰 장점이기도 하지요.

한바탕 활동을 끝낸 다음에 학생들에게 소감을 묻자 "재밌어요!" "그림이 웃겨요!" 등의 반응이 쏟아졌습니다. 이때 다음과 같은 질문을 던졌습니다.

💬 여러분 모두 그림 놀이에 즐겁게 참여한 것 같네요. 그런데 한 가지 궁금한 것이 있어요. 만약에 여러분이 모두 같은 동물을 그렸다면 어땠을 것 같나요?

제 질문에 학생들은 조금도 망설이지 않고 재미없을 것 같다고 대답했습니다. 이유는 '여러 가지 동물이 있어야 맞히는 재미가 있어서', '똑같은 동물만 있으면 동물원 같지 않고 지겨울 것 같아서'라고 하더군요. 학생들의 이유를 듣고 난 뒤, 저는 이렇게 말해 주었습니다.

💬 여러분의 동물 그림은 서로 달랐기 때문에 즐겁고 재밌었어요. 그렇다면 우리 반은 어떤가요? 우리는 모두 같나요, 다른가요? 여러분이 그린 그림들처럼 우리는 모두 달라요. 그리고 달라서 더 즐겁고 재밌을 수 있어요. 함께 지내다 보면 때론 다투기도 하고, 갈등을 겪기도 할 거예요. '쟤는 왜 내 마음 같지 않지?' 하고 속상할 때도 분명히 있겠죠. 그럴 때마다 오늘 여러분이 함께 만든 동물원을 떠올려 보세요. 우리는 모두 다르다는 것, 하지만 그 다름이 결코 틀린 것은 아니라는 것. 다름을 인정하고 이해해야 비로소 즐겁고 행복해질 수 있다는 것. 이 그림 놀이가 우리의 다름을 기쁘게 받아들이는 첫걸음이 됐으면 좋겠어요.

조금은 어려울 수도 있는 이야기이지만 의외로 학생들은 진지한 눈빛으로 고개를 끄덕였습니다. 가벼운 그림 놀이였음에도 이 시간을 통해 우리가 함께 공유한 생각은 결코 가볍지 않았던 셈입니다. 학생들이 만든 동물원은 1년 내내 교실 한쪽에 전시해 두었습니다. 그리고 갈등이 생길 때마다 그 동물원을 보면서 우리는 서로 다르다는 걸 받아들이는 연습을 했지요. 우리 모두 함께 하는 무언의 약속처럼요.

 그림 놀이는 온라인 도구인 패들렛(또는 띵커벨 보드)을 활용해도 좋습니다. 그리기 기능을 활용해서 각자 그림을 게시하도록 하면 훨씬 자세하게 친구들의 그림을 살펴볼 수 있습니다.
이 활동은 교과와도 연계 가능합니다. 3학년 과학의 동물 단원이나, 6학년 국어에서 '동물이 들어간 속담 그리기' 또는 '동물이 들어간 관용 표현 활용하기' 등과 연계해 보세요.

무인도에서 살아남기: 피라미드 토론

그림 놀이를 통해 서로의 다름을 인정했으니 이번에는 서로 다른 의견을 합리적으로 조정하는 연습을 할 차례입니다. 『나랑 놀자!』 안에 '무인도에 가져갈 세 가지 물건 고르기' 놀이가 있습니다. 이때 '피라미드 토론' 형식을 적용하면 보다 체계적으로 활동을 전개할 수 있습니다.

피라미드 토론이란?
피라미드 토론은 개인의 결정을 바탕으로 1:1, 2:2, 4:4, 전체의 순서로 참여자 규모를 확장하며 의견을 수렴해 가는 토론입니다. 자신의 의견과 상대의 의견을 동시에 취합해 공통의 대안을 마련해야 하기 때문에 내 의견만 옳다는 고집을 버리고 의사소통 능력을 강화하는 데 도움을 줍니다.

피라미드 토론을 하는 학생들.

① 개인 의견 정하기

먼저 크레용, 운동화, 텐트, 돋보기 등 『나랑 놀자!』에 나오는 16가지 물건 중에 무인도에 가지고 갈 물건 세 개를 고르고, 그 이유를 적습니다. 각자 물건을 신중하게 고를 수 있도록 선택의 시간은 충분히 주는 것이 좋습니다. 특히 이 활동에서 물건 고르기보다 중요한 것은 '왜 이 물건을 골랐는가'이므로 자신만의 합리적 이유를 쓸 수 있도록 독려해 주세요. 활동 시작 전, 선생님의 예시 글을 미리 보여주면 글짓기에 자신 없는 학생들의 부담을 줄일 수 있습니다. 다음은 학생들이 고른 물건과 그 이유입니다. 물건과 고른 이유를 보면 학생들 개개인의 성향이 드러나서 더욱 재밌습니다.

무인도에 가져가고 싶은 물건

- 나는 1인용 텐트를 가져갈 것이다. 왜냐하면 무인도에 떨어져도 편하게 잠을 자야 하기 때문이다. 모기 같은 벌레도 많을 테고 밤에 추울 수 있는데 텐트가 있으면 그나마 안전하게 잘 수 있을 것이다.
- 나는 편안한 운동화를 들고 갈 것이다. 무인도에서는 움직일 일이 많기 때문에 운동화가 꼭 필요하다.
- 나는 돋보기가 꼭 필요하다고 생각한다. 돋보기로 태양열을 모아서 불을 만들 수 있기 때문이다. 불이 있으면 고기도 구워 먹을 수 있고, 동물도 쫓아낼 수 있고, 밤에 춥지도 않다.
- 나는 초코쿠키가 필요하다. 먹을 것이 없으면 매일매일 조금씩 먹을 것이다.
- 나는 아늑한 의자를 들고 갈 것이다. 무인도에 떨어져도 마음 급하게 먹을 필요 없다. 이왕 무인도에 떨어진 거 그냥 편하게 누워서 인생을 즐길 것이다.

② 일대일 토론하기

모든 학생이 글을 쓴 후에 짝과 함께 자신이 고른 물건이 무엇인지 이야기를 나누고 다시 그중에서 3개를 뽑아 일대일 토론 시간을 갖습니다. 아예 서로 다른 물건을 고른 경우도 있고 같은 물건을 골랐어도 이유는 완전히 다른 경우도 있습니다. 이야기를 나누면서 학생들은 서로가 다른 생각을 하며 살아가는 것을 자연스럽게 이해할 수 있습니다.

🧑 나는 텐트를 골랐어. 잠잘 때 꼭 필요할 것 같아서 1등으로 뽑았어.

🧑 나도 텐트를 첫 번째로 뽑았어! 무인도지만 잠을 충분히 자는게 진짜 중요할 것 같아.

🧑 맞아. 잠이 최고지. 그다음에 나는 모종삽을 골랐어. 흙을 팔 때 필요할 테니까.

🧑 나는 모종삽보다는 가위가 편할 것 같아. 가위는 날카로워서 무엇을 자르거나 잡은 동물을 손질할 때도 편할 것 같아. 그렇지 않아?

🧑 그럴 것 같기도 한데 모종삽이 더 단단하잖아. 가위는 두꺼운 건 잘 못 자르고 고장이 날 것 같아. 모종삽은 가위보다는 훨씬 튼튼하고.

🧑 음, 그럼 우선 가위는 버리고 모종삽을 갖고 가는 걸로 결정하자. 마지막으로 나는 돋보기를 골랐어. 불 피워야 하니까!

아, 나는 돋보기랑 초코쿠키랑 엄청 고민하다가 초코쿠키 골랐는데. 불 피우는 것도 중요하긴 한데 초코쿠키가 없으면 나중에 동물 못 잡았을 때 쫄쫄 굶을 것 같아.

생각보다 진지하고 치열한 토론이 이어집니다. 하지만 서로 다른 의견이라고 해서 갈등을 겪거나 싸우는 일은 거의 없습니다. 세 가지 물건을 뽑는다는 공동의 목표를 두고 서로 합리적인 의견을 내며 이야기를 나누는 것이니까요.

③ 2대 2 토론 후 발표하기

짝과 함께 물건 3개를 뽑았다면 마지막으로 2대 2 모둠 토론을 진행합니다. 일대일 토론과 방식은 같지만 토론하는 사람 수가 많아지면서 이야기는 훨씬 풍성해집니다. 모든 모둠이 토론 끝에 다시 물건 3개를 결정했다면 4절지에 물건 이름과 그것을 가져가는 이유를 적어 발표해 보는 시간을 가집니다. 모든 모둠원이 같은 결정을 한 모둠도 있고 그렇지 않은 모둠도 있지만 나름의 고민과 이유가 담긴 결론이기에 모두 가치가 있습니다.

우리는 이렇게 모두 생각이 다르네요. 하지만 달라서 더 많이 이야기 나누고, 의미 있는 결론에 다다르게 됐어요. 다르다는 게 틀린 것이 아니라는 것, 다름을 인정하고 합리적으로 의견을 조정하면 더 많이 성장할 수 있다는 걸 우리는 이 활동을 통해 다시 한번 알게 됐습니다.

> **독서 후 활동**

그림책 활동 후에는 간단하게 소감을 듣습니다. 글로 써도 좋고, 돌아가면서 발표해도 좋습니다. 소감 발표는 수업을 삶과 생활에 적용해 '내 것'으로 만드는 중요한 과정이니 따로 시간을 내서라도 꼭 갖도록 합니다. 그림책 활동을 끝내고 난 뒤 학생들은 다음과 같은 소감을 들려주었습니다.

- 내 마음대로 상상하고 이야기할 수 있어서 재밌었고 친구들의 이야기도 들을 수 있어서 웃겼다. 그리고 우리는 모두 다르게 생각한다는 걸 알게 됐다.
- 그림책을 그냥 읽는 것이 아니라 이렇게 놀면서 수다를 떨어서 좋았다. 갑자기 그림책에 애정이 생긴다. 우리 반 모두 나랑 다른 애들의 생각을 듣고, 그걸 이해해 보려고 노력하는 모습이 좀 멋진 것 같다.
- 우리는 모두 다르지만 틀린 것은 아니라는 선생님 말씀이 기억

에 많이 남는다. 나랑 다른 점이 있는 친구들을 안 좋게 보지 않고 1년 동안 친하게 지내려고 노력할 것이다.

▶▶▶▶▶

『나랑 놀자!』는 학생들이 가볍게 즐길 수 있는 놀이 그림책입니다. 그 놀이 안에서 교실살이에 꼭 필요한 여러 덕목도 함께 배울 수 있지요. 학생들이 서로 어울려 이야기 나누면서 자연스럽게 다름을 인정하고 서로를 이해하는 마음을 키울 수 있게 도와주세요. 이 마음들이 모이고 모여 행복한 학급 세우기의 소중한 밑거름이 된답니다.

• 그림책 더 보기

1 알아맞혀 봐! 곤충 가면 놀이 (안은영 지음, 천개의 바람)
곤충 가면을 쓴 친구들의 모습을 보면서 어떤 곤충인지 얼굴 생김새를 보고 맞히는 그림책. 곤충의 얼굴을 때보다 자세히 관찰하는 재미가 있어요.

2 그림자놀이 (이수지 지음, 비룡소)
그림자로 만드는 다양한 세상! 그 속에서 우리는 빛과 어둠의 경계를 넘나들며 마음껏 상상하고 표현할 수 있어요. 그림책을 읽다 보면 나도 그림자로 무엇인가 만들어 보고 싶다는 생각이 새록새록 솟아나요.

3 거울 속으로 (이수지 지음, 비룡소)

쓸쓸하면서도 아름다운 느낌이 드는 그림책. 거울을 갖고 노는 아이의 모습을 통해 거울 속에 비친 내 모습을 생각해 보게 되죠. 여러 가지 거울 놀이와 대칭 놀이를 함께 해보면 좋아요.

4 누구 그림자일까? (최숙희 지음, 보림)

그림자 수수께끼라고 들어보셨나요? 그림자로 사물을 알아맞히는 놀이를 통해 아이들의 상상력을 자극하는 재미있는 그림책이에요. 예상을 뒤엎는 의외의 답이 주는 재미가 커서 가볍게 상상 그림 놀이를 하기에 좋습니다.

3
서로 다른
우리 마음

'마음 쓰기'는 학생들과 1년 내내 하는 활동 중 하나입니다. 아침에 오자마자 써도 좋고, 하루 수업이 마무리되었을 때 써도 좋습니다. 하루 동안 내 마음이 어땠는지 매일 정리하는 과정에서 학생들은 자신을 돌아보는 기회를 가집니다. 또한 선생님과 하루에 한 번은 꼭 눈을 마주치고 이야기하게 되지요.

처음부터 '마음 쓰기'가 잘 되는 것은 아닙니다. 기분이 좋다, 나쁘다 정도로 단순하게 쓰거나 "제 마음이 어떤지 모르겠는데요."라고 대답하는 학생도 있습니다. 이런 모호하고 부정확한 감정 표현은 친구나 선생님과의 소통에서 불필요한 오해나 갈등을 유발하기도 합니다. 내 감정을 똑바로 들여다보고 정확히 표현하는 것, 다른 사람의 감정을 이해하고 배려하는 것 모두 충분한 연습을 해야 하는 이유가 바로 여기에 있지요. 마음을 들여다보고 표현하는 연습을 하기에 좋은 책으로, 박성우 시인의 『아홉 살 마음 사전』을 추천합니다.

『아홉 살 마음 사전』
박성우 글, 김효은 그림, 창비

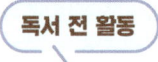

초성 퀴즈

그림책을 학생들과 살펴보기 전에 제목 초성 퀴즈를 합니다. 'ㅇㅎ ㅅ ㅁㅇ ㅅㅈ'이란 초성만 보여주고 제목을 예상하게 하면 재미있는 대답들이 많이 나옵니다. 엉뚱하고 황당한 대답에 웃음이 터지는 상황이 연출되기도 하지요. 학생들이 끝까지 정답을 못 맞힌다면 표지 그림을 공개합니다. 그림책 표지에는 다양한 감정을 표현하는 상황과 표정이 함께 그려져 있습니다. 이쯤 되면 슬슬 정답의 윤곽이 잡히기 시작합니다. 그래도 맞히지 못한다면 'ㅁㅇ' 두 초성만 남기고 정답을 공개합니다. 이런저런 추론 끝에 드디어 "아홉 살 마음 사전!"이란 정답이 튀어나옵니다. 이 책은 2학년 2학기 국어 교과서 4단원에 인용된 책이어서 학생들에게 익숙한 작품이기도 합니다. 제목과 표지를 확인했으니 이제 그림책 내용을 살펴볼 차례입니다.

독서 중 활동

『아홉 살 마음 사전』은 큰 줄거리가 있는 그림책이 아니라 마음을 표현하는 말과 뜻, 그리고 그런 마음을 느낄 만한 상황 등을 에피소드별로 한 장씩 보여주는 책입니다. 귀엽고 정감 있는 삽화와 간단명료한 글이 이어져 1년 내내 부담 없이 살펴볼 수 있지요. 학급 세우기나 수업에서도 전체를 살피기보다는 학생들과 나누고 싶은 부분만 미리 선택해서 활용하는 것을 추천합니다.

마음 찾기 골든벨

『아홉 살 마음 사전』을 읽는 방법의 하나로, 삽화 보고 감정 맞히기를 소개합니다. '마음 찾기 골든벨'이라는 이름을 붙인 이 활동은 집중력을 높여 주고 게임 자체의 재미도 있어 학생들이 좋아합니다. 『아홉 살 마음 사전』처럼 에피소드별로 나열된 작품에서 주로 사용하면 좋습니다. 마음 찾기 골든벨은 다음과 같이 진행합니다.

① 마음을 표현하는 말은 가리고 삽화만 보여줍니다. (예: 급식 시간에 새치기하는 그림)
② 어떤 상황을 나타낸 그림인지 이야기를 나눕니다.
③ 삽화에 관한 상황을 공개합니다. (예: 급식 시간에 새치기당하는 상황)
④ 삽화와 상황을 살펴서 어떤 마음인지 모둠별로 추측합니다.
⑤ 추측한 마음을 화이트보드에 적어서 공개합니다. (예: 짜증 난다, 나쁘다, 화난다 등)
⑥ 정답을 공개하고, 같은 방식으로 여러 마음을 살펴봅니다.

 학생들이 마음을 표현하기 어려워하면 감정 목록표를 보여주고 그중에서 골라보게 해도 좋습니다. 감정 목록표는 『학급긍정훈육법: 활동편』이나 감정카드 등을 참고해 만듭니다.

이렇게 그림책을 읽다 보면 비슷한 종류의 마음을 조금 더 자세하고 세밀하게 들여다보게 됩니다. 단순히 '화나다'에서 그치지 않고 속상하다, 나쁘다, 불쾌하다, 괴롭다 등 여러 가지 감정들이 있다는 것을 알게 되는 것이지요. 이처럼 마음속 다양한 감정을 이해하는 과정은 다른 사람에게 내가 느끼는 마음을 정확히 파악하고 제대로 표현하는 데 큰 도움을 줍니다.

마음 그림 그리기

'마음 찾기 골든벨'을 통해 오늘 살펴볼 마음들을 확인했다면 이것을 '나의 경험'으로 확장해 보는 시간을 가집니다. 단순하게 경험 나누기를 하는 것보다 구체적인 상황을 떠올리고 이를 그림으로 표현한 뒤 함께 이야기를 나누면 더욱 재밌습니다.

① 앞서 골든벨에서 살펴본 마음 중 하나를 꼽아 봅니다.
② 그 마음과 관련된 경험을 떠올립니다.
③ A4용지에 색연필과 사인펜을 활용해 자신의 경험을 간단하게 그림으로 표현합니다.
④ 모둠끼리 모여서 서로의 그림을 보고 어떤 마음인지 맞혀 봅니다.
⑤ 돌아가며 자신이 그린 그림의 마음과 상황을 설명합니다.

학생들이 그린 '마음 그림'.

이렇게 마음과 경험을 그리고 나누면서 학생들은 같은 상황이라도 사람에 따라 느끼는 마음이 조금씩 다르다는 것을 깨닫게 됩니다. 내게는 별일 아닌 것이 누군가에게는 상처가 될 수 있고, 내게는 걱정되고 힘든 일이 누군가에게는 아무렇지 않은 일이라는 것을 눈으로 확인하게 되는 것입니다. 마음 그림 그리기를 통해 우리의 서로 다른 마음은 '틀린' 것이 아니고, 이해하고 존중해야 하는 것임을 약속하는 시간입니다.

 온라인 도구인 패들렛(또는 띵커벨 보드)의 '그림' 기능을 활용하면 반 전체 학생의 그림을 쉽고 간편하게 살펴볼 수 있어 좋습니다. 댓글과 '좋아요'로 피드백도 가능합니다.

독서 후 활동

『아홉 살 마음 사전』을 읽고 난 뒤에는 아침 시간과 창체 시간, 또는 교과와 연계해서 서로의 마음을 들여다보고 이해하는 여러 가지 활동을 전개합니다. 제대로 된 학급 세우기를 위해서는 이같은 활동을 일회성으로 끝내는 것이 아니라 꾸준히 생각날 때마다 진행해야 합니다. 일주일에 한 번 정도 같은 요일마다 반복적으로 그림책 읽고 마음 알기 활동을 하는 것을 추천합니다. 다음은 학생들과 함께 하면 좋은 마음 알기 활동들입니다.

마음 인디언 게임

　마음 인디언 게임은 감정 카드를 활용한 놀이로 학생들이 가장 선호하는 활동 중 하나입니다. 규칙이 매우 쉽고 간단한 데다가 서로를 이해하는 재미가 있어서 한 번 가르쳐주면 따로 시키지 않아도 쉬는 시간에 삼삼오오 모여 즐기기도 합니다. 감정 카드는 시중에 나와 있는 다양한 감정 카드 중 아무거나 활용해도 무방합니다.

① 모둠별로 감정 카드를 한 세트씩 나눠줍니다.
② 감정 카드를 잘 섞어서 뒷면이 보이도록 책상 가운데에 모아 놓습니다.
③ 첫 번째 모둠원부터 감정 카드를 뽑아 다른 사람이 볼 수 있도록 이마에 붙입니다.
④ 나머지 모둠원이 돌아가며 그 감정을 느꼈던 경험을 설명합니다.
⑤ 모둠원의 설명을 듣고 어떤 감정인지 맞힙니다.
⑥ 위와 같은 방식으로 시계 방향으로 돌며 차례대로 진행합니다.
⑦ 제한 시간이 끝나면 얼마나 많은 카드를 맞혔는지 세어봅니다.

　이렇게 놀이를 통해 자기 경험과 마음을 연계시키는 활동은 말하기에 대한 부담을 줄여 주고, 소통을 강화하는 효과가 있습니다. 또한 자연스럽게 '아, 이 친구는 이런 상황에서 이런 마음을 느끼는구나!'라는 것을 알게 되며 마음과 상황을 이해하는 폭도 훨씬 넓힐 수 있지요.

'마음 인디언 게임' 활동 모습.

마음 N행시

마음 N행시 짓기는 국어 교과 시 단원 또는 아침 마음 쓰기 시간과 연계해서 진행하기 좋은 활동입니다. 먼저 N행시를 어떻게 지어야 하는지 살펴보는 시간을 갖습니다. 방송인 유병재 씨가 지은 N행시 시집인 『말장난』 중 이런 시가 있습니다.

[하] 하루 종일 혼자라고 생각했는데

[늘] 늘 함께였어.

'하늘'이라는 두 글자만 가지고 지은 짧은 시로, 한 사람의 하루와 그 마음을 잘 표현하고 있지요. 이렇게 좋은 N행시 예시 몇 개를 보여주면 학생들은 N행시의 매력이 무엇인지, 또 어떻게 지어야 하는지 확실히 알게 됩니다. 그런 다음에 각자 마음 N행시를 짓습니다. 오늘 내가 강렬히 느낀 감정을 나타내도 좋고, 혹은 마음 단어를 표현하는 여러 가지 상황을 상상해서 표현해도 좋습니다. 다음은 학생들이 지은 N행시입니다.

> [행] 행복하면
> [복] 복이 찾아와요.
>
> [재] 재(쟤)랑 놀면
> [미] 미친 듯이 신난다.
>
> [당] 당신이 범인이야!
> [황] 황당하네. 난 경찰이야.
>
> [불] 불이 났대!
> [안] 안 돼! 난로 켜놓고 왔는데!
>
> [미] 미워서 그런 게 아니었어. 앞으로는
> [안] 안 할게. 나 싫어하지 마.

이렇게 N행시를 짓고 난 뒤에는 우수작품을 골라 봅니다. 마음을 잘 표현했거나 재밌고 인상적인 상황을 묘사한 마음 N행시를 뽑아 일주일 동안 칠판에 붙여 놓습니다. 마음 N행시를 꾸준히 쓰다 보면 자기표현 실력이 월등히 늘 뿐만 아니라, 서로의 마음에 대해 관심 갖고 이야기 나누는 계기가 마련됩니다.

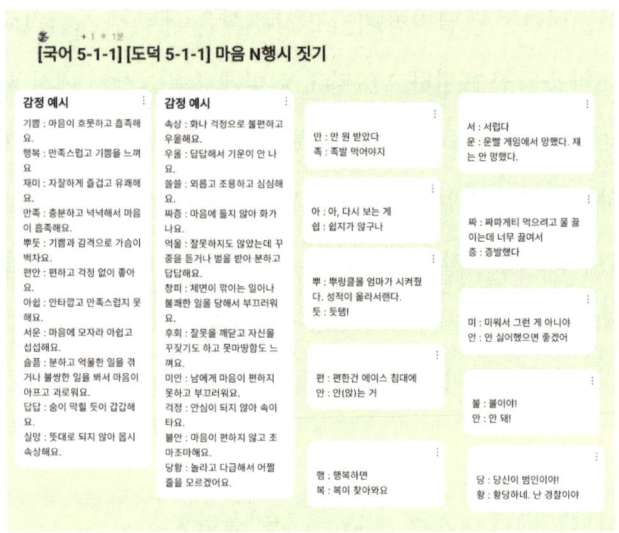

감정 예시와 학생들의 N행시 모음.

▶▶▶▶▶▶

상대에 대한 이해는 서로 다름을 인정하는 데서 시작됩니다. 학급경영도 마찬가지겠지요. 서로 다른 생각, 서로 다른 감정을 수용하며 그 안에서 학급 공동체의 목표를 설정해 나가야 할 테니까요. 어쩌면 마음을 아는 것이 모든 생각과 행동의 시작일지도 모르겠습니다. 우리 학생들이 1년 내내 나와 너의 마음을 들여다보고, 그것을 민감하게 받아들이는 감수성을 키울 수 있도록 도와주세요. 그러면 학급의 평화도 자연스레 찾아오지 않을까요?

• 그림책 더 보기

1 42가지 마음의 색깔 (크리스티나 누녜스 페레이라·라파엘 R. 발카르셀 지음, 남진희 옮김, 레드스톤)

스페인의 국민 그림책으로 42가지 감정의 이름과 각 감정에 대한 설명글 및 작품으로 구성되어 있어요. 아이들이 생활에서 주로 접할 수 있는 감정들이 꼬리를 물고 이어집니다.

2 어린이 마음 시툰 시리즈(전 3권) (박근용 외 지음, 창비)

시와 웹툰을 엮어 만든 책입니다. 일상생활 속 다양한 마음을 소박한 시들로 아름답게 표현하고 있습니다.

3 마음 안경점 (조시온 글, 이소영 그림, 씨드북)

모든 건 마음 먹기 달렸어! 세상을 바라보는 마음의 중요성을 알게 되는 그림책입니다.

3

서로 존중하기

1
특급 칭찬으로
서로의 장점 찾기

쉬는 시간 학생들이 나누는 이야기를 슬쩍 듣다 보면, 가끔 이런 말이 들릴 때가 있습니다.

"나, 살찐 것 같지 않아? 뱃살이 너무 나왔어."

"나, 나중에 엄마가 '쌍수' 해준대!"

선생님 눈에는 학생들이 자신만의 다양한 매력을 가지고 있는 것이 보이지만, 학생들 스스로는 장점보다 단점에 더 많이 신경 쓰고 단점이라 생각되는 것들을 감추고 싶어 합니다. 이런 학생들을 위해 꼭 읽어주는 그림책이 바로 『기린은 너무해』입니다. 이 그림책의 주인공 에드워드 역시 우리 학생들처럼 자기 외모에 콤플렉스를 가지고 있었거든요. 하지만 자신을 더욱 사랑하게 되는 계기를 맞이하지요. 학생들이 에드워드처럼 자신을 더 사랑하며 학급살이를 했으면 하는 마음으로 다음과 같은 학기 초 활동을 전개합니다.

『기린은 너무해』
조리 존 글, 레인 스미스 그림, 김경연 옮김, 미디어창비

독서 전 활동

단점 모으기

우리는 모두 저마다의 개성으로 빛납니다. 하지만 인생을 살다 보면 자신에 대한 평가를 야박하게 내리는 경우가 많지요. 수업을 시작하며 학생들에게 평소 자신에 대해 만족하는지 물었습니다. "네!"라고 자신 있게 대답하는 학생도 있었지만, 대부분은 "아니요."라고 대답하며 고개를 절레절레 흔들었습니다. 이번에는 학생들에게 육각 포스트잇을 나눠주고 각자 생각하는 단점을 간단히 쓴 다음 칠판에 다 같이 붙여 보게 했습니다. 학생들은 기다렸다는 듯 한 치의 망설임도 없이 자신의 단점을 써 내려 갔습니다.

- 최근에 살이 너무 쪄서 엄마가 자꾸 살 빼라고 한다.
- 키가 너무 작아서 창피하다.
- 공부를 너무 못한다. 특히 수학이 너무 어렵다.
- 집중력이 짧아서 공부할 때 금방 다른 생각이 든다.
- 친구들의 부탁을 들어주기 싫어도 거절을 잘 못 한다.
- 나는 운동을 진짜 못한다. 체육시간이 힘들다.

포스트잇을 살펴보니 아이들은 자신에게 불만이 꽤 많았습니다. 단점을 여러 개 적은 친구도 있었습니다. 친구의 단점을 듣고 웃거나 놀리지 않기로 미리 약속한 다음, 몇몇 내용을 읽어 주었습니다. 이야기를 듣고 난 학생들의 눈빛이 묘하게 달라지더군요. 이 분위기를 틈타 저도 수줍게 고백했습니다.

"이건 비밀인데, 선생님도 사실 마음에 들지 않는 부분이 있어. 선생님은 다리가 통통해서 치마나 짧은 바지를 못 입어."

제 말을 듣자마자 다리가 통통해도 얼마든지 치마를 입을 수 있다며 여학생들이 소리쳤습니다. 다리에 근육이 많아야 건강한 거라고 위로해 주는 남학생들도 있었습니다. 저도 모르게 웃음이 터져 나왔습니다.

이렇게 각자 생각하는 단점을 모아 본 학생들에게 오늘 읽을 그림책『기린은 너무해』를 소개했습니다. 제목만 보고 기린의 어떤 점이 너무할 것 같은지 물으니 목이 길어서, 다리가 얇아서, 너무 착해서 등등 나름의 추측들이 쏟아졌습니다. 분위기가 무르익은 상태에서 그림책을 본격적으로 읽기 시작했습니다.

독서 중 활동

『기린은 너무해』를 읽을 때는 책날개 속 문장을 먼저 읽는 것이 좋습니다. 기린의 투덜대는 목소리를 한껏 살려 낭독합니다.

"아! 너 내 목을 보고 있구나. 알아, 넌 내 목에서 눈을 뗄 수 없겠지. 쳇! 볼 테면 실컷 봐."

처음부터 들려오는 기린의 퉁명스러운 목소리에 학생들은 귀를 쫑긋 세웁니다. 주인공 에드워드는 자신의 기다란 목에 불만이 많습니다. 너무 길고, 잘 휘고, 가늘고 바보 같다고 생각하거든요. 그래서 에드워드는 목을 스카프와 넥타이로 예쁘게 꾸며보기도 하고, 덤불이나 나무 뒤에 숨기기도 합니다. 그러다 목이 너무 짧아 불만인 거북이 사이러스를 만나게 됩니다.

이 부분까지 읽은 뒤, 잠시 책을 덮고 에드워드와 사이러스처럼 '야, 너도? 야, 나도!' 활동을 통해 서로의 단점에 공감을 표현해 봅니다.

3. 서로 존중하기

야, 너도? 야, 나도!

먼저 독서 전 활동에서 학생들이 쓴 포스트잇을 교실 곳곳에 재배치해 붙여둔 다음 학생들에게 스티커를 5~10장씩 나눠줍니다. 준비가 끝나면 단점 공감하기 활동을 다음과 같이 전개합니다.

① 학생들은 스티커를 들고 자리에서 모두 일어납니다.
② 교실을 돌아다니며 친구들의 단점을 읽습니다.
③ 나도 비슷한 고민이 있다면 스티커를 포스트잇에 붙여줍니다.
④ 제한 시간 동안 충분히 친구들의 고민을 살펴보며 공감 가는 고민마다 스티커를 붙입니다.
⑤ 활동이 끝나면 나의 단점 포스트잇을 살펴봅니다.
⑥ 나의 단점에 얼마나 많은 친구가 공감을 표현했는지 확인합니다.

> 스티커 개수와 활동 시간은 학급 인원에 맞게 조정하는 것이 좋습니다. 가끔 공감 스티커가 하나도 붙어 있지 않은 경우가 있습니다. 이럴 때는 선생님이 직접 스티커 몇 개를 살짝 붙여 주세요.

자신이 쓴 단점에 친구들의 공감 스티커가 붙어 있는 것을 확인한 학생들의 얼굴에는 옅은 미소가 번집니다. 이 단점이 결코 나만의 고민이 아니라는 것, 내 고민에 공감해 주는 친구들이 있

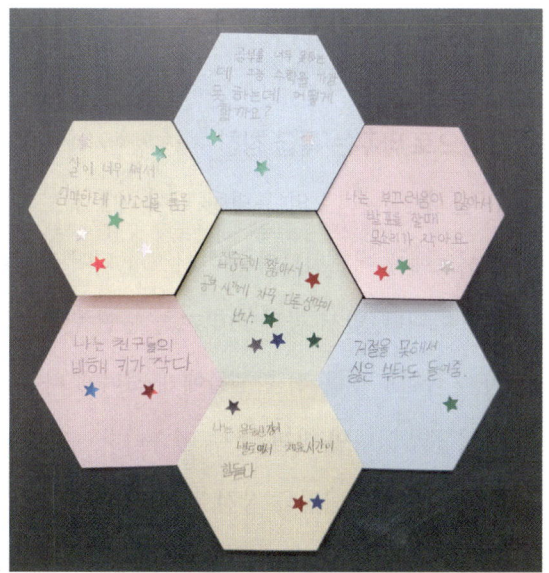

학생들이 쓴 단점 포스트잇.

다는 것을 알 수 있기 때문입니다. 이 활동을 통해 학생들은 평소에 말하지 못했던 자신의 단점을 조금은 편한 마음으로, 있는 그대로 바라보게 됩니다.

 활동을 마무리한 뒤, 다시 그림책으로 돌아와 남은 이야기를 읽어 줍니다. 『기린은 너무해』의 에드워드와 사이러스도 서로의 단점에 공감하고 위로하는 시간 속에서 조금씩 자신을 사랑하는 마음을 갖게 됩니다. 콤플렉스였던 목이 '아주 특별한 목'으로 서서히 바뀌는 모습은 너무나도 사랑스럽고 따뜻하지요.

> 독서 후 활동

단점을 장점으로 바꾸는 특급 칭찬

　책을 읽고 난 후 사이러스의 특별한 말이 에드워드의 생각을 바꾼 것처럼 서로에게 에드워드와 사이러스가 되어 특별한 말을 해보는 활동을 합니다. 앞서 공감 스티커를 붙인 단점 포스트잇을 한데 모아 무작위로 섞은 뒤 학생들에게 하나씩 나눠 줍니다. 만약 자기 단점을 받았다면 바꿔 갈 수 있습니다. 모둠별로 함께 친구의 단점을 살펴보며 단점을 장점으로 바꾸는 '특급 칭찬'을 적습니다. 혹시 장점으로 바꿀 만한 말이 쉽게 떠오르지 않는다면 선생님에게 도움을 요청하거나 단점에 공감하는 말을 적어도 된다고 안내합니다. 다음은 학생들이 친구들에게 쓴 특급 칭찬입니다.

아이들이 쓴 단점	친구들의 특급 칭찬
키가 너무 작은 것 같아.	넌 키가 작아서 빠르고 날렵하잖아! 그리고 중고등학교 때 키가 쑥 크는 사람도 있으니 걱정하지 마!
난 거절을 잘 못 해.	친구의 마음을 잘 이해해줘서 네 주변에 친구들이 많은가 봐. 우리 반 아이들이 다 너를 좋아하는 거 알지?
난 운동을 못해.	넌 체육시간에 다른 친구들에게 양보도 잘하고, 규칙을 잘 지키잖아. 운동 잘한다고 잘난 척하는 것보다 낫지!
난 집중력이 짧아.	호기심이 왕성해서 이것저것 해 보고 싶은 게 많은 거야. 발명왕 에디슨도 그랬다지 아마?

이렇게 특급 칭찬을 적는 활동이 끝나면 모둠별로 한 명씩 친구가 적은 단점과 모둠에서 적은 '특별 칭찬'을 발표합니다. 학생들은 자신의 이야기가 나오면 더욱 귀 기울여 듣는 모습을 보입니다. 친구들이 열심히 고민해 들려주는 특급 칭찬에 학생들의 웃음이 터지기도 하고, "오~" 하는 감탄과 함께 박수가 나올 때도 있습니다. 학생들의 발표가 끝나면 다음과 같은 말을 하며 활동을 정리합니다.

> 누구나 단점을 긍정적으로 바라보는 건 쉽지 않아요. 하지만 이 두 가지만 있다면 가능하죠. 나를 사랑하는 마음, 그리고 주변 사람의 특별한 말. 바로 지금 여러분이 경험한 이 순간처럼요. 우리 모두 1년 동안 함께 학급살이를 하며 이것만큼은 잊지 않았으면 좋겠어요.

장점 쇼핑몰

단점을 장점으로 바꿔 본 경험을 토대로 나의 장점들을 친구들에게 팔아보는 '장점 쇼핑몰' 활동을 진행합니다. 충분한 시간 확보를 위해 국어, 미술, 도덕 교과 등과 연계하는 교육과정 재구성 방식으로 진행하는 걸 추천합니다.

① 나의 장점 포스터 만들기

　물건을 팔기 위해 물건을 홍보하는 포스터를 만드는 것처럼 장점 쇼핑몰에서도 각자의 장점을 홍보하는 포스터를 만듭니다. '특급 칭찬' 받은 내용을 토대로 해도 좋고, 이전부터 스스로 장점이라 생각해 온 것을 활용해도 좋습니다. 매직펜 등으로 직접 포스터를 꾸미거나 온라인 사이트인 '미리 캔버스'를 활용합니다. 온라인 도구를 활용하면 쉽고 간단하게 멋진 포스터를 만들 수 있어 아이들이 좋아합니다. 포스터에 반드시 들어갈 내용은 다음과 같이 제시합니다.

- 나의 장점이 어떤 사람들에게 필요할까?
- 나의 장점을 사면 어떤 점이 좋을까?
- 나의 장점을 얼마에 팔 것인가?

- 미리 캔버스를 활용할 때는 사전에 단체 아이디 신청을 하는 것이 좋습니다.
- 포스터 제작 시, 사이즈는 '프레젠테이션'으로 설정하는 것이 좋습니다. 그래야 발표할 때 모니터에 꽉 차게 나옵니다.
- 포스터 완성 후에는 학급 게시판이나 패들렛(또는 띵커벨 보드)에 게시합니다.

② 내 장점 팔아요!

이제 학생들은 자신의 장점을 파는 '1분 쇼핑몰' 활동을 할 차례입니다. 모니터에 포스터를 띄워 보여주며 자신의 장점과 이 장점을 사야 하는 이유를 어필합니다. 숙제로 대본을 미리 만들어 보게 해도 좋습니다. 특급 칭찬 시간에 단점도 새롭게 바라보는 연습을 한 만큼 다른 사람의 장점을 보고 비웃거나 평가하지 않도록 미리 안내하는 것도 잊지 말아야 합니다. 쇼핑몰 시간이 되면 한 명씩 앞으로 나와 자신의 장점을 팝니다.

지금까지 단점이라고 생각했던 점들을 당당하게 장점으로 바꿔 친구들에게 말하는 모습이 참 멋져 보입니다. 이때 한 가지 주의할 점은 '쇼핑몰' 활동이긴 하지만 판매 자체보다 장점을 소개하는 데 역점을 두어야 한다는 것입니다. 만약 아무도 사고 싶어 하지 않는 장점이 있다면 그 학생에게는 상처가 될 수 있으므로 교사의 세심한 안내와 주의가 필요합니다.

학생들의 장점 쇼핑몰 발표 장면.

"저는 '늦잠 자기'를 판매합니다. 언제 어디서든 꿀잠을 잘 수 있고, 스트레스를 줄일 수 있는 장점입니다!"

"저는 '글쓰기 실력'을 판매합니다. 전 조용한 성격 덕분에 글쓰기를 열심히 연습했거든요. 국어 시간에 아주 유용합니다."

"저는 '채소 잘 먹기'를 판매합니다. 뭐든 잘 먹는 식성 덕분에 여러분들이 잘 못 먹는 채소도 맛있게 먹을 수 있습니다. 급식 시간을 바로 통과하고 싶다면 제 장점 사세요."

"저는 축구 실력을 판매합니다. 열심히 뛰어도 지치지 않고, 공을 보면 힘이 팍팍 솟는 아주 좋은 장점입니다. 축구 좋아하는 남자들, 축구에 관심 있는 여자들 모두 환영합니다!"

③ 소감 나누기

학생들의 발표가 모두 끝나고 나면 사고 싶은 장점이 있었는지 물어봅니다. 사고 싶은 장점도, 그 이유도 저마다 다릅니다. 자기 장점을 언급하는 친구가 있으면 해당 학생의 얼굴에는 미소가 번집니다. 이를 바탕으로 소감문을 작성해서 읽어 보는 시간을 가집니다.

수업을 마무리하면서 "여러분 단점을 누가 단점이라고 생각하는 걸까요?"라고 질문하면, 학생들은 한목소리로 "저 자신이요!"라고 대답합니다. 나의 단점은 나 자신이 어떻게 생각하느냐에 따라 단점이 될 수도 있고, 남들이 사고 싶은 장점이 될 수도 있다는 것을 우리 모두는 이렇게 깨닫습니다.

▶▶▶▶▶

 학급 구성원 하나하나가 자신감을 갖고 적극적으로 행동하는 것은 학급 운영의 탄탄한 토대를 이룹니다. 학년 초, 『기린은 너무해』를 읽으면서 단점을 장점으로 바꾸며 서로에 대한 '특급 칭찬'을 망설임 없이 던지도록 독려해 주세요. 어느새 자존감을 회복하고 학급 구성원으로 우뚝 서 있는 우리 아이들의 모습을 볼 수 있을 테니까요.

• 그림책 더 보기

1 펭귄은 너무해 (조리 존 글, 레인 스미스 그림, 김경연 옮김, 미디어창비)
불평불만이 많은 펭귄을 통해 너무나 익숙해 알아차리지 못했던 삶의 아름다움을 발견하게 됩니다.

2 짧은 귀 토끼 (다원시 글, 탕탕 그림, 심윤섭 옮김, 고래이야기)
콤플렉스인 '짧은 귀'를 마음으로 받아들이고 자신만의 재능을 찾아 떳떳하게 성장하는 어린 토끼의 이야기입니다.

3 난 네가 부러워 (김영민 지음, 뜨인돌 어린이)

각기 다른 개성을 가진 아이들을 통해 자신의 고민과 단점이 다른 면에서는 긍정적인 장점이 될 수 있고, 스스로 충분히 사랑받을 가치가 있는 사람임을 일깨워 줍니다.

4 고구마유 (사이다 지음, 반달)

"재밌구마, 다양하구마, 소중하구마!" 생김새가 달라도 우린 좋은 친구라고 외치는 고구마들의 모습을 통해 우리 모두 소중한 존재라는 메시지를 전하는 그림책이에요. 서로 다름을 인정하는 것을 넘어, 각자의 장점과 힘을 모아 문제를 해결해 가는 모습이 인상적입니다.

2
친구의 꿈을 응원하기

다름이란 무엇일까요? 우리에겐 서로 다른 개성과 특징, 그리고 저마다의 소중한 재능이 있습니다. 그렇기에 그 재능을 존중하고 키워가는 것은 무엇보다 중요하지요. 1973년 제작되어 지금까지 쓰이고 있는 레고 완구의 부모를 위한 설명서에는 다음과 같이 적혀 있다고 합니다.

"무엇보다 가장 중요한 것은 남자아이 여자아이 모두가 스스로 만들고 싶어 하는 것을 만들 수 있게 하는 '격려'입니다."

각자의 개성과 재능을 따뜻한 눈으로 바라보며 격려하는 그림책이 있습니다. 바로 다비드 칼리가 쓰고, 세바스티앙 무랭이 그린 『완두』입니다. 이 그림책을 통해 학급에서 서로의 다름을 이해하고 존중하는 시간을 가져 보세요. 함께 만들고 눈을 마주하는 과정에서 학생들은 "나와 너는 모두 중요해."라고 이야기하게 될 것입니다.

『완두』
다비드 칼리 글, 세바스티앙 무랭 그림, 이주영 옮김, 진선아이

> 독서 전 활동

단어 지우개

독서 전 활동 중 하나인 단어 지우개는 그림책 표지와 제목만 보고 그림책에 나오지 않을 것 같은 단어 세 개를 찾아보는 활동입니다. 필요 없는 내용을 지우개로 지우듯 '해당되지 않는' 단어를 골라 내는 것입니다. 우선 모둠별로 단어 표가 그려진 학습지를 나눠 줍니다. 아래 표에서는 푸른색으로 표시된 단어들이 그림책에 등장하지 않는 단어 세 개입니다.

완두콩	엄마	인형
자동차 운전	레슬링	**무당벌레**
탐험	**그림책**	학교
아빠	그림	회사

그다음 『완두』의 앞표지와 뒤표지를 살펴보는 시간을 가집니다. 학생들은 표지와 제목을 토대로 그림책에 나오지 않을 것 같은 세 개의 단어를 모둠별로 선택하고 그렇게 생각한 이유를 발표합니다. 다음은 학생들이 지운 단어와 선택 이유입니다.

학생들이 고른 단어	단어를 고른 이유
레슬링	- 완두가 주인공 이름 같은데 레슬링하고 어울리지 않는다. - 평화로워 보이는 표지와 레슬링의 느낌이 따로 논다.
회사	- 주인공이 어린아이라서 회사는 다니지 않을 것 같다.
자동차 운전	- 완두가 주인공 이름 같은데 운전할 수 있는 자동차가 없을 것 같은 느낌이 든다.

단순히 단어를 선택하는 활동이지만 학생들은 그림책의 주인공과 내용까지 예상해 보게 됩니다. 또한 자신이 선택한 단어가 나오는지 궁금해져 그림책 읽기에 더욱 몰입하게 되지요. 지우개 지우기 활동이 마무리되면 이제 『완두』를 함께 읽습니다.

단어 지우개의 정답 확인은 그림책을 모두 다 읽고 난 뒤에 하는 것이 좋습니다. 그림책을 읽을 땐, 학습지를 뒤집어 놓도록 합니다. 그림책을 읽는 중간마다 정답을 확인하면 흐름이 깨지고 그림책 읽기에 집중하지 못하는 경향을 보이기 때문입니다.

> 독서 중 활동

완두의 마음 읽기

『완두』의 주인공 이름은 제목과 같은 '완두'입니다. 태어날 때부터 몸집이 아주 작은 친구라서 이름도 완두이지요. 하지만 완두는 엄마의 사랑을 받으며 건강히 자랍니다. 레슬링, 숲 탐험, 산책, 물놀이, 말타기, 어두운 하늘 보기 등의 놀이를 즐기면서요. 내용이 매우 간단하기 때문에 그림책을 읽는 중간중간에 학생들의 생각을 깨우는 여러 가지 발문을 던지는 것이 좋습니다.

💬 완두는 밤하늘을 바라보며 무슨 생각을 했을까요?
- 내일은 무슨 모험을 할지 생각했을 것 같아요. 우주탐험 같은 거요.
- 나는 커서 뭐가 될까 하고 꿈을 생각했을 것 같아요.

매일매일 새로운 놀이를 하느라 분주한 완두의 유쾌한 성장기를 보며 학생들 역시 긍정적인 생각과 감정을 이야기합니다. 하지만 완두가 학교에 입학하면서 분위기는 반전됩니다. 학교는 작은 완두에게 낯설고 어려운 곳이었거든요. 완두에겐 학교 시설들이 너무 컸고, 친구들도 없었죠. 이때, 다시 앞선 질문과 비슷한 질문을 다시 합니다.

💬 완두는 학교에서 어떤 생각을 했을까요? 또 어떤 느낌이 들었을 것 같나요?

- 몸집이 작아서 학교가 더 크게 느껴졌을 것 같아요. 그래서 더 외로웠을 거예요.
- 집이 그립고, 집에서 했던 다양한 모험들이 생각났을 것 같아요.
- 외롭고 슬플 것 같아요. 완두 옆에 친구가 나타났으면 좋겠어요.

완두의 생각과 마음을 헤아린 학생들의 다양한 대답이 자연스럽게 나옵니다. 타인의 감정에 공감하며 '다름'을 불편하게 받아들이기보다 함께 배려해 주길 바라는 마음이 느껴집니다.

완두의 직업 상상하기

"우리 가엾은 완두, 이렇게 작으니 나중에 무엇이 될까?"라던 선생님의 걱정이 무색하게도 학교를 졸업한 완두는 자신의 재능을 살린 직업을 얻게 됩니다. 결말이 공개되기 전에 그림책을 덮고, 완두가 과연 어떤 일을 하게 되었을지 상상해 보는 시간을 가집니다. 온라인 도구인 패들렛을 활용해서 완두가 선택했을 만한 직업을 사진으로 찾아 올리고, 왜 그런 직업을 가졌을지 적어보도록 합니다. 패들렛 활용이 어려운 경우에는 육각보드를 활용해 생각을 정리하고 공유해도 좋습니다.

학생들이 상상한 완두의 직업.

학생들이 상상한 직업과 선택 이유
화가: 완두는 그리기를 좋아해서 숲을 그리는 화가가 되었을 것이다.
의사: 키가 잘 자라지 않는 희귀한 병을 치료하는 의사가 되었다.
우주비행사: 밤하늘의 별을 보며 꿈을 키웠기 때문이다.
철인 3종 선수: 완두는 수영, 달리기 등 모험을 좋아했기 때문이다.

이 활동에서 특히 인상 깊었던 점은 모든 학생이 완두가 개성과 재능을 꽃피운 모습, 어려움에 좌절하지 않고 이를 잘 해결한 모습을 상상했다는 것입니다. 완두의 '작음'을 부족하거나 불편하게 받아들이지 않는 그 마음이 참 예뻤습니다.

💬 완두는 우리보다 작은 친구예요. 그런데도 어떻게 이런 멋진 직업을 가졌을 거라 생각했나요?

- 몸집이 작아도 완두는 꿈을 잃지 않는 용기가 있을 것 같아요.
- 엄마의 충분한 사랑을 받았으니까 쉽게 포기하지 않을 것 같아서요.

이제 완두가 어떤 직업을 가졌는지 공개할 차례입니다. 완두의 직업은 바로 우표를 그리는 사람입니다. 학생들은 비록 자신이 생각한 직업과는 달랐지만 그리기를 좋아했던 완두, 모험을 좋아했던 완두를 생각하며 어울린다는 반응을 보였습니다.

💬 『완두』를 다 읽으니, 어떤 기분이 드나요? 완두는 다른 사람보다 훨씬 작고 약한 친구예요. 하지만 누구보다 씩씩하게 자신의 재능을 찾아 꿈을 이뤘죠. 선생님도 여러분이 완두처럼 용기 있게 세상을 살아갔으면 좋겠어요. 완두의 '작은 키'처럼 여러분 각자에게도 남에게 들키기 싫은, 혹은 꼭 고치고 싶은 약점들이 있을지 몰라요. 하지만 완두의 작은 키가 누구도 따라 할 수 없는 개성이 됐듯이, 여러분 한 명 한 명에게도 소중한 재능과 개성이 있답니다. 우리가 함께 학급살이를 하는 1년이 여러분에게 서로 다른 무언가를 찾고 존중하는 시간이 되었으면 좋겠습니다.

> 독서 후 활동

꿈을 담은 우표 만들기

그림책을 다 읽고 난 뒤, 완두가 그리는 우표처럼 각자의 개성과 꿈을 담은 우표를 만들어 봅니다. 학생들이 우표에 어떤 내용을 담아야 할지 몰라 어려워한다면 사람, 사물, 자연환경, 건물 등 자신의 꿈을 표현할 수 있는 것이라면 무엇이든 괜찮다고 이야기해 줍니다. 존경하는 역사 속 인물이나 자신의 롤모델, 꼭 가보고 싶은 세계문화유산, 감사 편지를 쓰고 싶은 사람 등 학생들이 쉽게 생각할 수 있는 사례를 제시해 주어도 좋습니다. 특정 직업이 아니더라도 '이런 곳에 가는, 이런 사람이 되고 싶다!'는 메시지만 담아내도 충분합니다.

표현하고 싶은 내용의 윤곽을 어느 정도 잡았다면 '미리 캔버스'를 활용해 우표를 제작합니다. 학급 환경에 맞게 미술교구를 활용해 직접 그림을 그리게 해도 좋습니다.

우표를 만든 뒤에는 왜 이 우표를 만들었는지 간단하게 설명하는 시간을 줍니다. 한 사람씩 일어나 자신이 만든 우표를 소개하는 과정에서 학생들은 미처 알지 못했던 친구의 꿈에 놀라워하기도 하고 신기해하기도 했습니다.

꿈을 담은 우표	우표를 만든 이유
에펠탑	아름다운 야경의 에펠탑을 바라보며 낭만을 즐기는 멋진 어른이 되고 싶어서 에펠탑을 그려보았다.
방탄소년단	나는 노래와 춤을 좋아한다. 방탄소년단처럼 세계를 누비는 멋진 가수가 되고 싶다.
코로나19 의료진	봉사하는 삶은 멋진 것이다. 코로나19 의료진들처럼 나도 힘든 상황에 굴하지 않고 누군가를 돕는 인생을 살고 싶다.
만화작가	나도 완두처럼 그림 그리는 것을 좋아한다. 사람들을 울리고 웃기는 웹툰 작가가 되는 것이 꿈이다.

학생들이 제작한 '꿈을 담은 우표'는 패들렛에 공유해서 함께 살펴보아도 좋습니다. 패들렛에 차곡차곡 쌓이는 우표가 마치 학생들이 만든 꿈의 지도 같은 느낌을 줍니다.

학생들이 만든 '꿈을 담은 우표'.

서로의 꿈 응원하기

『완두』의 그림책 활동을 마무리하면서 서로의 꿈을 응원해 줍니다. 친구에게 직접 말하는 것은 쑥스러울 수도 있으니 완두에게 말하듯이 합니다. 우리는 모두 꿈을 꾸며 사는 '완두'와 같은 존재들이니까요. 학생들은 다소 상기된 얼굴로 다음과 같이 외쳤습니다.

"완두야! 너는 정말 용기 있는 친구야! 끝까지 용기 잃지 마!"

"너는 다른 사람과 달리 몸집이 작은 것에 실망하지 않고 좋아하는 것을 꾸준히 했잖아. 나도 그렇게!"

"완두야. 너는 참 소중해."

서로에 대한 응원이 메아리처럼 전달되는 순간, 한 친구의 소감이 특히나 제 마음을 울렸습니다.

"우리는 모두 꿈을 이룰 수 있는 사람들이니 함부로 무시하지 말고 존중하며 지내자!"

어떤가요? 이만하면 완두 못지않게 훌륭한 마음가짐인 것 같지요? 놀랍게도 학생들은 서로의 꿈을 살피고 응원하며 존중하고 배려하는 아름다운 덕목까지 갖춰나가고 있었습니다. 학생들의 응원이 끝나고 저 또한 자신 있게 외쳤습니다. "우리 반 완두 모두를 응원한다!"라고요.

▶▶▶▶▶

『완두』는 저학년부터 고학년까지 두루 재밌게 읽는 그림책입니다. 완두의 작은 키가 그랬듯이 각자의 개성은 남들과 다른 '꿈'을 꾸는 나만의 발판이 될 수 있다는 것을 깨닫게 되지요. 『완두』를 읽으며 찾아낸 이 소중한 꿈들을 1년 내내 꾸준히 실현해 나갈 수 있도록 독려해 주세요. 이 세상 모든 완두의 각양각색 꿈들과 아름다운 성장을 가슴 깊이 응원합니다.

• 그림책 더 보기

1 아름다운 꿈 (이상배 글, 안준석 그림, 책마중)
시골 기차역에서 기차를 보며 가슴속에 꿈을 키워가는 주인공 창수의 이야기. 돈과 명예보다 꿈 씨앗을 심고 품는 것이 어린이의 미래를 더 행복하게 한다는 것을 알게 해줍니다.

2 우리는 최고야! (토미 드파올라 지음, 이순영 옮김, 북극곰)
주인공 '우리'는 책읽기와 그림 그리기, 혼자 산책하기를 좋아해요. 하지만 주변에서는 그들이 좋아하는 것을 '우리'에게 강요하죠. 그러다 엄마가 소개해 준 '탭댄스'를 계기로 놀라운 변화가 일어납니다.

3 완두의 그림 학교 (다비드 칼리 글, 세바스티앙 무랭 그림, 박정연 옮김, 진선아이)
'완두' 시리즈의 세 번째 책으로, 열정을 가지고 꿈을 향해 나아가는 완두와 예술가 친구들의 성장 이야기 속에 '마음껏 꿈꾸는 일이 지금 우리가 해야 할 일!'이란 응원의 메시지를 전해 줍니다.

3
생명과 가치 존중하기

우리는 흔히 어린이에게 아름다운 것만을 보여주고 싶어 합니다. 그렇기에 '죽음', '장례식'과 같은 단어들은 어린이들과 어울리지 않는다고 생각하지요. 죽음을 너무나도 엄숙하게 생각하다 보니 어린이들이 던지는 죽음에 대한 질문을 애써 외면하기도 합니다. 하지만 사람은 모두 태어나서 죽는 유한한 존재입니다. 삶을 더 아름답고 가치 있게 살아야 한다는 것을 어렸을 때부터 알아야 하는 이유도 바로 여기에 있지요.

동물들의 장례식이라는 이색적인 소재로 어린이의 눈높이에서 죽음을 이야기하는 그림책 한 권을 소개합니다. 죽음을 삶의 일부분으로 받아들이고 슬픔을 극복해 내는 과정에서 우리 모두에게 귀한 생명이 있음을 깨닫게 하는 책, 바로 『세상에서 가장 멋진 장례식』입니다.

『세상에서 가장 멋진 장례식』
울프 닐손 글, 에바 에릭손 그림, 임정희 옮김, 시공주니어

독서 전 활동

감정 카드로 말해요

 우리 학생들은 '죽음' 하면 무슨 감정이 가장 먼저 떠오를까요? 『세상에서 가장 멋진 장례식』을 읽기 전, 죽음에 대해서 먼저 이야기 나누는 시간을 가집니다. 아이들에게 '죽음'이라는 말을 듣고 어떤 감정이 드는지 물어보면, 갑작스러운 질문에 학생들의 눈빛이 흔들립니다. 어쩌면 죽음은 아직 어린 학생들에게 너무 먼 이야기인지도 모릅니다.

 이럴 땐 자기표현을 도와주는 교구를 활용하면 좋습니다. 학생들에게 감정 카드를 나눠주고 죽음이라는 말을 들었을 때 떠오르는 여러 감정을 선택해 보도록 합니다. 감정 카드를 고를 때 너무 많이 고민하지 말고 느껴지는 대로 바로 고르게 하는 것이 좋습

니다. 그래야 솔직한 감정이 나오거든요. 아이들이 고른 감정은 다음과 같습니다.

무섭다	- 죽을 때 아플 것 같다. - 내가 모르는 고통이 있을 것 같고 죽어서 어디로 갈지 모른다.
슬프다	- 내가 죽으면 가족들이 슬퍼할 것이다. - 소중한 사람이 죽으면 눈물이 나니까.
외롭다	- 죽을 땐 혼자니까 외롭고, 남겨진 사람들도 외롭다.
후회되다	- 좀 더 잘 살 걸 후회될 것 같다.
걱정되다	- 죽기 싫은데 죽을까 봐 걱정된다.

 선생님이 갖고 있는 감정 카드 교구를 자유롭게 사용해도 됩니다. 저는 '옥이샘의 감정툰 카드'를 사용했습니다. 여러 감정 단어가 적힌 목록을 인쇄해 나눠줄 수도 있습니다.

예상대로 아이들은 부정적인 감정들을 많이 선택했습니다. 죽음을 긍정적으로 받아들이기란 사실 쉬운 일은 아니지요. 학생들의 감정을 충분히 수용한 뒤에 "맞아요. 죽음을 생각하면 무섭고 두려운 생각이 들죠. 그런데 우리는 죽음이 있어서 열심히 살기도 해요. 이번 시간에는 살아가는 것에 대해 함께 고민해 보아요." 라고 안내하며 그림책을 펼칩니다.

무슨 일이 일어날까?

우선 '장례식'이라는 단어를 살짝 가린 채, 학생들과 그림책 표지를 함께 살펴보았습니다.

💬 세 어린이는 무엇을 하러 가는 길일까요?
- 보물을 찾으러 가는 것 같아요.
- 여행을 떠나는 것 같아요. 즐거워 보여요.
- 밑에 십자가가 있는 거 보니까 교회 가는 거 같은데요.

제목을 가리고 표지만 보면 그림책의 내용이 무엇인지 쉽게 예상하기 힘듭니다. 조금 전에 죽음에 대해 이야기 나눈 것을 상기시켜 주면 "죽은 사람을 묻으러 가는 것 같아요!"라는 대답이 나옵니다. 그래도 의문은 여전합니다. 시체는 어디 있는지, 누굴 묻는 것인지, 어디로 가는 것인지 여러 가지 궁금증들이 쏟아지지요. 이때, 살짝 가렸던 '장례식'이라는 단어를 보여주며 그림책 제목을 공개합니다.

이제 면지를 살필 차례입니다. 면지는 빼곡한 '무덤'들로 가득 차 있습니다. 개미, 잠자리, 아기 벌 등의 묘비뿐 아니라 얀손, 딕, 야코브 등 이름이 적힌 묘비도 볼 수 있습니다. 구석에 보이는 '꼬마 아빠' 묘비의 사연도 궁금합니다.

💬 면지를 살펴보니 누구의 장례식 같나요?

- 작은 동물들의 장례식인 것 같아요.

💬 그런 것 같죠? 그런데 죽은 개미나 잠자리의 장례식을 왜 해주는 걸까요?

- 아이들이 작은 동물들의 생명도 소중하게 여기나 봐요!

💬 그래요, 몸집이 작다고 해서 그 생명의 소중함도 작은 것은 아니에요. 이 세 어린이도 처음부터 그렇게 생각한 것은 아니었어요. 처음에는 재미있는 일이 없나 찾아보다 작은 동물들의 장례식을 하게 되었대요. 무슨 일이 있었는지 함께 살펴볼까요?

독서 중 활동

죽음에 대한 생각 나누기

『세상에서 가장 멋진 장례식』을 읽을 때 주의 깊게 살펴볼 대목은 죽은 동물들에게 지어주는 시가 나오는 부분입니다. 처음에는 죽음에 대한 호기심을 느낄 수 있고, 뒤로 갈수록 생명에 대한 존중을 느낄 수 있기 때문이지요. 또한 주인공의 시를 듣고 동생인 '푸테'가 하는 질문들도 함께 고민해볼 만합니다.

"죽음은 네 시 십오 분에 갑자기 찾아왔다네. 왜지? 왜 그랬을까? 내게 말해주게."

수탉의 장례식 부분에 등장하는 시입니다. 이 시를 읽으며 학생들과 죽음에 대한 생각을 다시 한번 나눴습니다.

💬 죽음이 갑자기 찾아왔다고 이야기하네요. 여러분은 죽음이 언제 올지 알 수 있나요?
- 알 수 없어요. 아무리 조심해도 큰 사고가 날 수 있으니까요.
- 너무 무서워요. 지금 당장 죽을 수 있다고 생각하면요.

💬 언제 죽을지 모르니 사람은 늘 두려움에 떨며 사는 존재일까요?
- 그건 아니에요. 죽음 때문에 불행하게 살지는 않아요.

질문을 거듭할수록 죽음에 대해 고민하는 학생들의 눈빛 역시 진지해집니다. 죽음이란 것은 언제 올지 몰라서 무섭지만, 그럼에도 우리는 오늘을 충실히 살아가고자 노력하지요. 그것이 바로 생명의 위대함이자 우리가 지켜나갈 가치니까요.

💬 언제 죽음이 다가올지 모르기에 우리는 생명과 시간을 소중히 여기고 항상 최선을 다해서 살아가려 노력하죠. 시간이 많이 남았다고 생각하고 뒤로 미루면 아쉬운 것들이 있어요. 고맙다는 말, 미안하다는 말, 사랑한다는 말들이 그래요. 마음속에 아쉬움이 남지 않으려면 어떻게 해야 할까요?

- 미루지 말고 바로바로 표현해요.
- 미안하면 사과하고, 좋아하는 사람에겐 사랑한다고 얘기해 줘요.

죽음이라는 '끝'이 있기에 오늘을 살아가는 '시작'도 있다는 것을, 그렇기에 모든 생명은 그 나름대로 가치를 지켜 살아가고 있다는 것을, 이렇게 우리는 그림책을 함께 읽으며 어렴풋이나마 이해해 나갈 수 있습니다.

독서 후 활동

내가 지키고 싶은 가치

『세상에서 가장 멋진 장례식』을 함께 읽고 난 뒤, 학생들에게 만약 죽음이 찾아온다면 무덤에 무엇을 넣고 싶은지 묻습니다. 그림책 속 죽은 동물들에게 베개와 담요를 준 에스테르처럼요. 매일 손에 쥐고 있는 핸드폰, 언니가 선물해 준 목걸이, 항상 잘 때 안고 자는 인형 등 여러 가지 대답이 쏟아져 나옵니다. 학생들의 이야기를 충분히 듣고 난 뒤, 다음과 같이 생각을 바꿔 보는 질문을 던집니다.

> 💬 정말 여러 가지 물건들이 있네요. 그런데 누군가가 죽을 때 무덤에 함께 담길 물건들보다 더 중요한 것이 있어요. 바로 세상을 떠나며 '마음속'에 담아 가는 것들이죠. 여러분은 어떤 것을 마음속에 품고 싶나요? 선생님은 '친절함'을 가져가고 싶어요. 친절함을 정말 중요하게 생각하거든요.

물건이 아닌 마음을 담아간다는 말에 학생들도 잠시 생각에 잠깁니다. '무엇을 마음에 담아갈까.'라는 말은 '우리가 어떤 가치를 추구하며 살아야 할까.'라는 말과 일맥상통하니 쉽게 대답하기 어려운 일이죠. 이때 학생들에게 제공하는 것이 바로 가치 단어 목록입니다. 추상적인 가치들을 언어로 구체화하는 데 도움을 주는 도구죠.

처음에는 제공한 가치 단어 중에서 각자 가장 중요하게 생각하는 것을 3개만 골라 쓰게 합니다. 이후에는 하나씩 버리면서 가장 중요하게 생각하는 가치 1개만 남깁니다. 가치 단어 목록 대신 시중에서 판매하는 다양한 가치 카드를 구매하여 사용할 수 있습니다. 가치 카드에는 가치와 관련된 그림들이 있어 학생들의 이해를 시각적으로 도와줍니다.

행복한 가족	굳건한 종교적 신앙	즐거운 유머	부유한 재산	배려
똑똑하고 현명함	양보	정직함	근면함과 성실함	약속
아름다운 사랑	사람들의 존경	솔선수범	친구와의 우정	공정함과 정의로움
긍정적인 마음	건강과 장수	자유	자신감	꿈
미래에 대한 희망	두려움에 맞서는 용기	예의	깨끗하고 청결함	협동, 함께하는 마음
즐거운 유머	부유하게 살고 싶은 마음	배려	약속	겸손함
생명 존중	자연을 사랑하는 마음	절약	다른 사람을 이해하는 관용	용서

가치 단어 목록

나의 묘비명 만들기

마음속에 담아 갈 가치를 골랐다면 이제 그 가치를 담은 '나의 묘비명'을 쓸 차례입니다. 먼저 교사의 이름과 가치 단어를 넣은 예시 작품을 하나 보여 줍니다.

"모두에게 친절했던 사람, 강수정"

이제 학생들에게 마음에 드는 A4 색지를 하나씩 고르게 한 뒤, 자신을 표현하는 묘비명을 쓰도록 합니다. 색연필과 사인펜 등을 활용해서 꾸미는 시간을 충분히 주는 것이 좋습니다. 묘비명에는 자신이 소중하게 생각하는 가치와 이름이 잘 드러나도록 안내합니다. 활동에 진지하게 참여하되, 재미있는 유머를 섞는 것도 개성으로 바라보아 허용해 주는 쪽이 좋습니다. 학생들이 몰입할 수 있도록 잔잔한 음악을 틀어주면 진지한 분위기가 형성됩니다. 장례식이라고 생각하니 괜히 슬픈 기분이 든다며 가족을 떠올리는 친구들도 있습니다. 묘비명을 만드는 것만으로도 살아가는 것에 대한 소중함을 느끼게 되는 듯 합니다. 다음은 우리 반 학생들이 쓴 자신만의 묘비명입니다.

'정직함을 마음속에 가져가는 김○○, 여기에 잠들다.'
'문○○은 언제나 꿈과 함께 한다.'
'솔선수범 멋쟁이 이○○!'
'두려움에 맞서는 용기 있는 김○○, 저승사자와 싸우러 간다!'
'예의 바른 서○○을 언제나 기억해 주세요.'

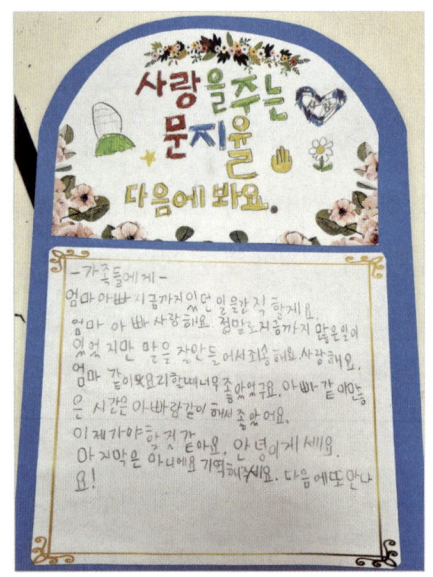

학생이 만든 묘비명.

 온라인 도구인 '롤링 페이퍼'를 활용하면 위 활동을 간단히 진행할 수 있습니다. 학생들이 돌아가며 롤링 페이퍼에 묘비명을 남기고 스티커를 활용해 꾸며주도록 합니다.

묘비명 쓰기가 끝나면 돌아가며 자신의 묘비명을 발표하는 시간을 가집니다. 차분한 음악을 틀어준 뒤, 돌아가며 한 명씩 자신의 묘비명을 읽어 보고 소감을 이야기하며 활동을 마무리합니다. 자신의 묘비명을 진지하게 읽는 학생도 있었고 어색함에 멋쩍게 웃는 학생도 있었지만 각자의 삶에서 지켜야 할 가치와 살아가는 것의 소중함을 다 함께 느껴본 시간이었습니다.

▶▶▶▶▶

초등학생들이지만 죽음을 바라보고 삶을 성찰하는 모습이 제법 감동입니다. 처음에는 호기심만 가득했으나 점차 생명의 소중함을 깨달아 갔던 『세상에서 가장 멋진 장례식』 속 등장인물들처럼 학생들 역시 자신이 가장 소중하게 생각하는 가치를 선정하고 묘비명을 써보는 활동을 통해 내 삶의 소중함과 생명의 가치를 한 번 더 깨닫게 된답니다. 우리 모두는 살아갈 가치가 있다는 것, 그래서 스스로를 소중히 여겨야 한다는 것을 학급 세우기를 시작하며 꼭 한 번 이야기 나눠 보시길 추천합니다.

- **그림책 더 보기**

1 때마침 (이지선 지음, 대교북스주니어)
제각기 다른 방식으로 오늘을 살아가는 모든 삶의 소중함에 대해 들려줍니다.

2 사과나무 위의 죽음 (카트린 셰러 지음, 박선주 옮김, 푸른날개)
죽음이 두려웠던 여우 할아버지를 통해 어떻게 사는 것이 의미 있는 삶인지 되돌아보게 합니다.

3 내가 함께 있을게 (볼프 에를브루흐 지음, 김경연 옮김, 웅진주니어)
오리에게 다가온 친구 '죽음'. 죽음이 있기에 삶이 아름다울 수 있음을 가르쳐주는 철학 그림책입니다.

4 죽고 싶지 않아! (안느 가엘 발프 글, 이자벨 카리에 그림, 김지연 옮김, 보랏빛 소어린이)

죽음을 무서워하는 아이의 마음에 다정한 목소리로 응답하는 그림책이에요. 누구나 언젠가는 겪게 될 죽음을 아이의 눈높이에서 다루어 아이와 어른 모두 죽음에 대해 깊이 생각해 볼 기회를 선사하는 따뜻한 작품이랍니다.

• 이럴 땐 이렇게 •

학교 폭력 예방 교육을 돕는 그림책

생명을 소중히 하고, 서로를 존중하는 태도를 바탕에 둔 교육과정 중 하나가 바로 '학교폭력 예방 교육'입니다. 학교 폭력의 위험성과 무서움은 굳이 말하지 않아도 우리 모두 알고 있는 사실이지요. 그런데도 학교 폭력의 발생 빈도는 점점 잦아지고, 강도 역시 더해가고 있는 것이 현실입니다. 오늘날 학교 폭력 예방 교육이 주목해야 할 지점은 교실 내 절대다수를 차지하고 있는 '방관자'에 대한 교육입니다. 방관자들이 적극적으로 학교 폭력을 막아서는 용기를 가질 때 비로소 학교 폭력은 '예방'될 수 있거든요. 다음 소개하는 두 가지 그림책도 바로 이런 방관자들에 관한 이야기를 다루고 있습니다.

1 내 탓이 아니야 (레이프 크리스티안손 글, 딕 스텐베리 그림, 김상열 옮김, 고래이야기)

『내 탓이 아니야』의 부제는 '왕따와 책임에 대하여'입니다. 그림책을 펼치면 집단 폭행을 당해 울고 있는 한 아이와 그를 둘러싼 다른 또래들이 등장합니다. 이 그림책에 나온 아이들은 학교 폭력의 가해자도, 피해자도 아닙니다. 그저 울고 있는 아이가 맞는 모습을 봤으면서도 못 본 척 침묵한, 교실 속의 '방관자'들이지요. 그들은 말합니다. "나는 몰랐어." 그들은 말합니다. "나는 사실 알고 있었지만, 말할 용기가 없었어." 그래서 그들은 말합니다. "내 탓이 아니야!"

이 그림책을 학생들과 천천히 읽어 보세요. 학생들의 목소리로 직접 글을 읽게 해도 좋습니다. 책을 모두 읽고 난 뒤에 이 아이들에게 정말 조금의 책임도 없는지 물으면 대부분의 학생들이 책임이 있다고 대답합니다. 학교 폭력을 보았을 때 바로 말리거나 어른에게 알리지 않았기 때문에 잘못이 있다고 생각하는 것이죠. 중요한 것은 바로 이 지점입니다. 학생들의 대답을 충분히 듣고 난 뒤에 '나라면 과연 어떻게 했을지' 생각해 보게 합니다. 교사는 학교 폭력을 말리거나 신고하는 일에 용기가 필요함을, 그럼에도 용기를 내야 하는 이유는 그것이 우리의 책임이기 때문임을 명확히 합니다. 이 과정에서 학생들은 방관자가 학교 폭력의 또 다른 가해자라는 사실을 강렬하게 느낄 수 있습니다. 단순한 그림체와 짧은 글로도 깊은 인상을 주는 그림책이니 학년 초 학생들과 꼭 읽어 보시길 추천해 드립니다.

2 수미야, 미안해… (박북 지음, 이카로스의 날개)

이 그림책의 주인공 수미는 장애를 가진 여학생입니다. 같은 반 학생들은 이런 수미를 집요하게 괴롭힙니다. 물론 수미도 만만치는 않습니다. 사자처럼 싸우기도 하고 때론 펑펑 울기도 하면서 지옥 같은 학교생활

을 견뎌 내죠. 이 그림책은 그런 수미와 가해자를 바라보는 방관자인 '나'의 시선으로 그려져 있습니다. 실제 경험담을 담은 이 작품 속에서 작가는 "그때 너를 도와주지 못해 진심으로 미안하다."라고 이야기합니다. 그러면서 우리 교실에 수미와 같은 친구가 있다면 지금이라도 손 내밀어 주기를, 한 번이라도 그 친구의 편이 되어 맞서 주기를 당부하고 있지요.

괴롭힘당하는 수미의 감정을 학생들이 표현해 보게 하고, 만약 '나'가 수미를 도와줬다면 결말이 어떻게 바뀌었을지 상상해서 써 보는 활동도 진행해 보세요. 피해자를 외면하지 않고 용기 있게 내민 손길이 훨씬 아름다운 학급 공동체를 만들 수 있음을 마음 깊이 느낄 수 있을 것입니다.

4

더 많이 이해하기

1
상대의 시선으로 바라보기

'역지사지'라는 말이 있지요? 상대편의 입장이나 처지에서 먼저 생각해 보고 이해하라는 사자성어입니다. 우리 교실에서 가장 필요한 것이 바로 '역지사지'의 자세가 아닐까 싶습니다. 학생과 학생 사이부터 선생님과 학생 사이까지, 서로의 입장에서 마음을 헤아릴 때 진정한 이해와 공감이 시작되는 것이니까요. 학년 초, 이런 마음가짐을 연습하고 실천하며 학급 세우기를 진행하고 싶을 때 활용하는 그림책이 있습니다. 바로 정진호 작가의 『위를 봐요!』입니다. 더불어 살아가는 삶의 중요성을 알려주는 동시에 누군가를 위한 사소한 행동이 흑백뿐이던 한 사람의 삶을 컬러로 물들이는 큰 변화를 불러올 수 있다는 사실을 깨닫게 해줍니다.

『위를 봐요!』
정진호 지음, 현암주니어

> 독서 전 활동

'왜 그랬을까?' 상상해 보기

그림책 속 주인공 수지는 가족여행 중 교통사고가 나 휠체어 생활을 하게 된 뒤, 집 밖에 나간 적이 없는 아이입니다. 온종일 베란다에 나가 거리를 지나다니는 사람들만 내려다봅니다. 그러다 보니 수지의 눈에 보이는 거라곤 사람들의 검은 정수리뿐이죠. 수지는 사람들이 마치 개미같다고 생각합니다.

『위를 봐요!』의 표지는 수지의 시선에서 바라보는 거리 풍경을 보여주고 있습니다. 앞표지와 뒤표지를 펼치면 수지의 시점이 더 잘 느껴집니다. 그런데 표지의 수많은 사람 중 유일하게 눈길을 끄는 사람이 있습니다. 바로 그림책의 제목이기도 한 "위를 봐요!"라고 외치는 남자아이입니다.

학생들과 표지를 천천히 관찰하며 왜 이 아이가 위를 보라고 소리치는 것일지 예상해 보는 시간을 가집니다. 학생들은 주인공이 처한 상황이나 배경을 전혀 알지 못한 상황에서 그림책 제목과 표지만 보고 내용을 짐작해 봅니다. 다음은 학생들이 상상의 나래를 펼친 내용입니다.

- 하늘에 UFO가 떴을 것 같다. 남자아이가 먼저 UFO를 발견했고, 다른 사람들도 보라고 큰 소리로 외친 것이다.
- 무지개가 떠서 그것을 보라고 소리친 것이다. 도시에서 다들 바쁘게 살아 다른 사람에게 관심도 없는데 남자아이로 인해 무지개를 보며 따뜻한 마음을 되찾는 내용이다.
- 특이한 구름 모양이 떴을 것 같다. 평소에 보기 힘든 구름들로 하늘이 가득해지고, 사람들은 왜 저런 구름이 떴을까 궁금해하면서 해답을 찾아가는 내용일 것이다.

이쯤 되면 슬슬 왜 그림책의 제목이 '위를 봐요!'인지, 도대체 저 남자아이는 왜 위를 보라고 소리치는지 호기심이 생깁니다. 독서 전 활동으로 그림책에 대한 기대를 한껏 올려놓았으니 이제 책을 펼쳐 내용을 살펴볼 차례입니다.

> 독서 중 활동

포스트잇 그림 그리기

처음 이 그림책을 읽어주면 첫 장부터 '이게 뭐예요?'라는 질문이 나옵니다. 얼핏 봐서는 도무지 무슨 장면인지 이해하기 쉽지 않거든요. 앞서 말한 것처럼 이 그림책은 베란다 위에서 아래를 내려다보는 수지의 시선으로 그려져 있습니다. 우리에게 익숙하지 않은 시선으로 바라보는 세상은 하염없이 낯설지만, 그렇기에 더더욱 수지의 마음에 집중해서 그림책을 읽게 되지요.

수지가 바라보는 거리에는 수많은 사람이 지나갑니다. 그러나 아무도 베란다 위 수지에게 관심을 갖지 않고 그림책 배경도 그만큼 점점 더 어두워져 갑니다. 표정이 보이지 않아도 수지의 외로움이 잘 전해집니다. 배경이 가장 어두워졌을 때, 잠시 그림책을 덮고 학생들과 이야기를 나눕니다.

💬 아무도 바라봐 주지 않을 때, 수지의 마음이 어땠을 것 같나요? 수지의 감정을 잘 생각해 보고, 포스트잇에 수지의 표정과 속마음을 그려 보세요.

학생들은 저마다 떠올린 수지의 표정과 속마음을 포스트잇에 표현합니다. 이 활동은 그림 실력이 중요하지 않으니 단순하게 표현하는 것도 용인해 줍니다. 각자 완성하면 칠판에 붙여서 다른 친구들이 볼 수 있도록 합니다. 다음은 학생들이 인물의 상황과 감정에 공감하며 적은 내용입니다.

- 아무도 나를 봐주지 않기에 우울하고 힘들 것 같다.
- 세상에 혼자만 남겨진 것 같은 기분이다.
- 제발 한 명이라도 나와 눈을 마주쳐 달라고 소리치고 싶을 것 같다.

학생들이 표현한 수지의 표정과 감정.

그림책은 수지의 표정이나 감정을 직접적으로 드러내지 않았지만 학생들은 너무나 훌륭하게 그 마음을 포착해 냈습니다. 그야말로 '역지사지'의 자세를 보여준 것이죠. 포스트잇 하나하나를 함께 읽으며 "여러분이 만약 거리를 걷는 사람이라면 어떻게 하고 싶나요?"라고 물었더니 "위를 봐요!", "고개를 들어 수지와 눈 마주치고 이야기 나눠요!"라는 답들이 나왔습니다. 작은 공감의 씨앗이 학생들의 가슴 속에 예쁘게 싹을 틔운 것이죠.

이어서 그림책을 읽어 봅니다. 수지의 답답한 마음이 극에 달했을 때, 표지에서 본 남자아이가 고개를 들어 위를 봅니다. 이 장면에서 우리 반 학생들 모두 "와! 봤다!"라고 탄성을 지르더군요. 그림책 속 남자아이는 몇 마디 대화 끝에 망설이지 않고 수지를 위해 거리에 드러눕습니다. 수지가 자기 얼굴을 정면으로 볼 수 있도록 말이죠. 거기서 끝나지 않고 아이는 지나가는 사람 모두에게 수지를 보라고 소리칩니다. "위를 봐요!"라고요. 이 장면에 대한 학생들의 생각이 궁금했습니다.

💬 여러분이 만약 지나가는 사람이었다면, 어떻게 할 것 같아요?

- 왜 누워야 하냐고 묻고 이유를 알면 저도 같이 누울 것 같아요.
- 저는 사람들이 누우면 눈치 보고 누울 것 같아요. 처음엔 못 누워도요.
- 저는 창피해서 눕진 못하겠지만 고개 들어서 위를 볼 거예요.

조금씩 다른 대답이지만 수지를 바라보겠다는 마음은 같습니다. 이때 다시 한번 포스트잇 그림 그리기 활동을 진행합니다.

💬 아까와는 달리 이제는 거리의 많은 사람이 수지를 바라보게 되었네요. 사람들과 눈이 마주쳤을 때, 수지는 어떤 감정을 느꼈을까요? 다시 한번, 수지의 표정과 마음을 포스트잇에 표현해 봅시다.

이번에도 학생들은 다음과 같이 수지의 표정과 감정을 잘 표현했습니다. 수지에게 몰입한 학생들은 단순히 '기쁨'을 이야기하기보다는 감정을 보다 구체적으로 써 내려갔습니다.

- 울컥하고 기분이 묘할 것 같다.
- 사람들의 정수리가 아닌 얼굴을 봐서 기쁠 것 같다.
- 세상이 아름다워 보이고, 마음이 따뜻해질 것 같다.
- 미안하기도 하고, 나를 봐줘서 고마울 것 같다.

학생들이 표현한 수지의 달라진 표정과 감정.

학생들이 처음에 작성한 포스트잇과 나중에 작성한 포스트잇을 비교해 보았습니다. 울고, 슬프고, 절망에 빠진 표정과 웃고, 감동하고, 기뻐하는 표정이 절묘하게 대비되며 수지의 감정이 완전히 달라졌음을 시각적으로 확인할 수 있었습니다. 긍정적으로 변한 수지의 표정을 보며 학생들 역시 행복해했지요. 이제 아주 중요한 이야기를 나눌 차례입니다.

💬 수지를 웃게 만든 결정적 계기는 무엇인가요?
- 남자아이가 "위를 봐요!"라고 크게 소리친 거예요.
- 사람들이 수지의 시선에 맞추어 행동한 거요.

학생들의 진지한 대답이 교실에 깊은 울림처럼 남습니다. 학생들 모두 상대를 배려하는 용기 있는 말 한 마디가, 상대의 시선으로 세상을 바라본 노력 하나가 우리를 행복하게 할 수 있음을 마음으로 이해하게 되었기 때문이지요.

> 독서 후 활동

따뜻한 말 한마디 스노우볼

『위를 봐요!』의 수지는 사람들의 배려 속에 마침내 거리로 내려올 용기를 얻습니다. 흑백이던 거리도 어느새 분홍 꽃잎이 흩날리는 수채화 풍경으로 물들죠. 생각해 보면 우리 주변에도 수지와 같은 학생들이 많습니다. 수지처럼 장애가 있는 학생도 있고, 또는 여러 이유로 친구들과 잘 어울리지 못하고 외롭게 동떨어져 있는 학생도 있습니다. 그 아이들에게 필요한 것은 어쩌면 그들의 마음을 헤아려 주는 용기 있고 따뜻한 말 한마디가 아닐까 싶습니다. 남자아이의 말 한마디가 수지의 세상을 바꿔 버린 것처럼요.

학생들과도 이런 생각들을 나누며 '따뜻한 말 한마디' 활동을 진행합니다. 이 세상 수많은 수지를 위한, 그리고 우리 교실에 있을지도 모를 수지를 위한 말 한마디를 쓰는 것이죠.

먼저 내가 만약 수지라면 어떤 풍경을 나누고 싶을지, 또 그 장면에서 어떤 말을 듣고 싶을지 떠올리는 시간을 가집니다. 그다음, 생각한 내용을 포스트잇에 쓰고 이름을 적습니다. 모든 학생이 작성을 마치면 스노우볼 활동을 다음과 같이 전개합니다.

① 자신이 쓴 포스트잇을 눈 뭉치처럼 살짝 둥글게 모읍니다.
② 선생님이 "따뜻한"이라고 외치면, 모두 함께 "말 한마디!"라고 외치고 포스트잇을 교실 앞쪽으로 던집니다.
③ 학급번호 1번부터 나와서 떨어진 포스트잇 중 하나를 줍고 내용을 읽습니다.
④ 포스트잇 내용에 친구의 이름을 넣어 낭독합니다. 친구의 이름을 넣어 읽습니다. (예: 지은아! 우리는 너를 볼게. 너는 우리를 봐!)
⑤ 자기 이름이 불린 친구는 "고마워."라고 대답하고 앞으로 나와 다른 포스트잇을 주워 같은 방법으로 읽습니다.
⑥ 위 행동을 반복하면서 서로 따뜻한 말 한마디를 주고받습니다.

은은한 배경음악이 더해지면 활동이 더욱 살아납니다. 포스트잇을 뭉칠 때는 너무 구기지 않도록 미리 안내해 주세요. 아이들이 읽고 난 포스트잇은 잘 펴서 칠판에 차곡차곡 붙입니다.

내가 수지라면 나누고 싶은 풍경	내가 수지라면 듣고 싶은 말
비가 많이 오고 사람들이 없는 놀이터	같이 비 맞고 놀이터에서 놀자!
구름 사이로 비치는 햇빛과 흩날리는 벚꽃	수지야, 우리는 너를 볼게, 너는 우리를 봐.
따스한 햇살과 벚꽃이 흩날리는 장면	수지야, 우리 같이 꽃 보며 낮잠 잘까?
사람들이 즐겁게 다 같이 노래하는 장면	너도 같이 즐겁게 부르자!
눈 오는 거리에서 눈사람 만드는 사람들	너도 같이 눈사람 만들자!
놀이터에서 아이들이 놀고 있는 모습	아래 그만 보고 정면 보며 같이 놀자.
바닥에 떨어진 낙엽이 가득한 거리	같이 밟을래? 재밌는 소리 난다?

'내가 듣고 싶은 말'을 다른 사람에게 듣는 경험, 또 '다른 사람이 듣고 싶은 말'을 해주는 경험을 통해 학생들은 상대의 시선으로 세상을 바라보는, 더불어 사는 삶의 중요성을 깨닫게 됩니다.

우리 함께 걸을까?

앞서 스노우볼 활동에서 이야기한 장면을 시각적으로 표현해 보는 활동입니다. 그 풍경 속에 있는 우리의 행복한 모습을 친구들에게 보여주는 것입니다. 미술 활동을 직접 해도 좋지만, 그림에 자신 없는 친구들을 위해 '미리 캔버스'를 활용해도 좋습니다. 미리 캔버스를 활용하면 직접 그림을 그리는 것보다 수정과 보완이 쉬워 활동에 대한 부담을 줄여주고 학생들이 상상한 장면을 더 멋지게 드러낼 수 있습니다.

학생들이 만든 '우리 함께 걸을까?' 결과물.

교실 한쪽에 학생들이 만든 작품을 전시합니다. '수지의 거리'라는 제목과 함께요. 학생들은 친구들이 만든 그림을 매일 보면서 상대의 시선에서 바라보고, 상대의 마음으로 말했던 오늘의 경험을 가슴 깊이 새기게 된답니다.

▶▶▶▶▶▶

누군가를 온전히 이해한다는 것은 쉽지 않은 일입니다. 그렇기에 더더욱 '내 마음'뿐 아니라 '너의 마음'도 있다는 것, 그 모든 마음은 존중할 가치가 있다는 것을 이해하는 연습이 필요하지요. 『위를 봐요!』를 통해 새로운 시선으로 새롭게 세상을 바라보게 해주세요. 학생들 모두 '역지사지'의 마음가짐을 갖고자 노력한다면 우리의 1년 학급살이도 좀 더 나아지지 않을까요? 따뜻한 이야기가 있는 그림책으로 소모적인 갈등과 다툼을 없애는 첫걸음을 떼어 보시길 바랍니다.

- 그림책 더 보기

1 아나톨의 작은 냄비 (이자벨 카리에 지음, 권지현 옮김, 씨드북)
  아나톨이 기쁠 때나 슬플 때나 아플 때나 항상 함께 있는 작은 냄비. 아나톨과 작은 냄비는 잘 지낼 수 있을까요?

2 어떤 느낌일까? (나카야마 치나츠 글, 와다 마코토 그림, 장지현 옮김, 보림)

눈을 감으면 들리는 새로운 세상, 귀를 닫으면 보이는 새로운 세상이 있습니다. 장애에 대한 편견을 새로운 시각으로 바꾸어 주는 멋진 그림책입니다.

3 내 친구는 시각장애인이에요 (프란츠 요제프 후아이니크 글, 베레나 발하우스 그림, 김경연 옮김, 주니어김영사)

시각장애인이 세상을 바라보는 방식과 주체적으로 살아가는 삶의 모습을 만날 수 있습니다.

4 귀 없는 그래요 (스테판 세르방 글, 시모네 레아 그림, 김현아 옮김, 한울림스페셜)

코도, 귀도, 꼬리도 없는 토끼 그래요의 이야기. 있는 모습 그대로를 존중하고, 인정하는 것의 중요성을 알려 줍니다.

2

새로운 시선으로
세상 보기

앞서 『위를 봐요!』로 '상대의 시선'에서 세상을 바라보는 연습을 했다면 이번에는 그 시선을 좀 더 확장해 보려고 합니다. 이번에 함께할 책은 백희나 작가의 『나는 개다』입니다. 강아지의 눈으로 바라본 세상을 통해 진한 우정과 사랑을 느낄 수 있는 작품이지요. 우리도 이 그림책처럼 평소에 바라보지 않던 다양한 시선으로 세상을 바라보려고 합니다. 그 과정에서 수많은 이들의 마음도 엿볼 수 있을 것입니다. 모든 생명이 지닌 다양한 시선을 존중하고 이해할 때 비로소 나 역시 공동체의 일원으로서 존중받을 수 있다는 것을 함께 이야기 나누는 시간입니다.

『나는 개다』
백희나 지음, 책읽는곰

독서 전 활동

주인공을 찾아라

　백희나 작가의 『알사탕』을 읽은 학생이라면 『나는 개다』의 주인공 '구슬이'가 더 반가울지도 모릅니다. 『나는 개다』는 『알사탕』의 스핀오프라고도 할 수 있는 그림책입니다. 『알사탕』을 읽은 학생이 얼마나 되는지 확인도 해보고 그림책의 흥미도 높일 겸 등장인물이 나오는 장면을 먼저 보여줍니다. 구슬이, 동동이, 할머니, 아빠까지 『알사탕』의 등장인물들을 보여주면 학생들 중 몇 명이 "어? 저 사람들 알아요!" 하며 반가워합니다. 『알사탕』을 읽어 본 친구는 손을 들어 보라고 하면 3분의 2가 넘는 학생들이 번쩍 손을 들기도 합니다.

💬 오늘 함께 읽을 그림책은 이 등장인물들이 나오는 새로운 이야기를 담은 작품이에요. 제목에도 주인공이 들어가요. 바로 『나는 (   )다』지요. 괄호 안에 들어갈 주인공은 과연 누구일까요?

앞서 등장인물들의 그림을 함께 보아서인지 질문이 끝나자마자 "나는 구슬이다", "나는 아빠다" 등 저마다의 제목이 쏟아집니다. 이번에는 주인공을 예상할 수 있는 그림책 장면을 골라 보여줍니다. 산책 도중 만난 고양이, 옆집 초롱이의 영역 표시, 하늘을 나는 새가 그려진 장면입니다. 그림에서 공통적으로 느껴지는 특별한 점을 하나 찾아보라고 했더니 질문이 어려웠는지 잠시 침묵이 흐르더군요. 그러다 한 아이가 "엎드려서 바라본 거 같은데?"라고 하자 "어? 강아지가 바라본 거네!" 하는 탄성이 동시에 터져 나왔습니다.

💬 여러분의 추측이 맞았어요. 오늘 읽을 그림책의 제목은 『나는 개다』입니다.

주인공을 찾아 제목을 추측해 보는 간단한 활동이지만 이러한 과정을 통해 앞으로 읽을 책에 대한 학생들의 호기심과 흥미를 높일 수 있습니다. '나는 개다'라는 직설적인 네 글자가 강렬한 인상을 주며 어떤 내용이 전개될지 기대를 불러일으킵니다.

> **독서 중 활동**

다섯 가지 표정으로 말하기

슈퍼집 방울이네 넷째로 태어나 동동이네로 오게 된 구슬이는 할머니, 아빠, 동동이와 새로운 가족이 되었습니다. 구슬이의 일상에는 언제나 가족이 함께합니다. 그중에서도 구슬이를 가장 행복하게 하는 건 동동이입니다. 평범한 일상의 연속이지만 강아지의 눈으로 바라본 하루는 색다르고 감동적이죠.

그림책을 읽으며 구슬이의 시선과 감정에 집중하기 위해 '다섯 가지 표정으로 말하기' 활동을 병행했습니다. 이 활동은 학생들이 그림책의 그림과 짧은 글만 휙 보고 넘어가는 것을 방지하는 나름의 장치 역할을 합니다. 다섯 가지 표정으로 말하기는 다음과 같이 진행합니다.

① 학생들에게 포스트잇을 다섯 장씩 나누어 줍니다.
② 포스트잇 한 장에 평소의 담담한 표정을 단순하게 그린 뒤, 책상 가운데에 붙입니다.

③ 나머지 네 장에는 '조금 기쁜 표정', '매우 기쁜 표정', '조금 슬픈 표정', '매우 슬픈 표정'을 그립니다.

④ 포스트잇을 오른쪽부터 매우 슬픈 표정, 조금 슬픈 표정, 평소 표정, 조금 기쁜 표정, 매우 기쁜 표정 순으로 붙입니다.)

학생들이 그린 다섯 가지 표정.

⑤ 그림책을 읽으면서 선생님이 질문하는 장면에 어떤 감정이 해당하는지 생각해 보고, 카드를 선택한 뒤 이야기를 나눕니다.

천천히 그림책을 읽다가 구슬이만 두고 가족들이 모두 집을 나간 장면에서 잠시 책을 덮습니다. 그리고 만들어 놓은 포스트잇 중 구슬이의 기분과 가장 비슷한 표정을 골라서 높이 들어보게 합니다. 우리 반에서는 '매우 슬픈 표정'이 가장 많고, '조금 슬픈 표정'이 그 뒤를 이었습니다. '평소 표정'도 몇몇이 선택했습니다. 학생들의 표정을 확인한 뒤 왜 그런 감정을 선택했는지 물어보았습니다.

매우 슬픈 표정	- 믿었던 할머니마저 나갔을 때, 뒷모습이 너무 처량했다. - 혼자라서 외롭고 쓸쓸해 보인다. - 할머니가 언제 올지 모르니 좌절할 것 같다.
조금 슬픈 표정	- 가족들을 기다리는 일이 일상이겠지만 매번 슬플 것이다. - 아마 매일 저런 상황을 경험할 것 같아서 외로움이 익숙하긴 해도, 조금 서럽고 슬플 것 같다.
평소 표정	- 서운하기는 하겠지만 일상이라서 조금 있으면 그런가 보다 하고 담담하게 있을 것 같다. - 슬프기보단 '에휴, 어쩔 수 없지' 체념하고 기다릴 것 같다.

학생들이 고른 표정과 선택 이유.

이외에도 '할머니와 산책을 나갔을 때', '아빠에게 혼났을 때', '동동이와 같이 잠을 잤을 때' 등 주요 장면에서 표정 그림을 통해 이야기를 나누면 좋습니다. 이렇게 독서 중 등장인물의 감정을 공유하는 시간을 가지면 장면 하나하나에 집중하며 그림책을 꼭 꼭 씹어 읽는 습관을 갖는 데 도움이 됩니다. 등장인물에 내 생각을 투영시키는 동시에 다른 친구들의 생각이 어떤지 살피면서 자연스럽게 작품에 대한 몰입도가 높아집니다. 또한 '우리는 같은 장면을 보고도 다른 감정을 느낄 수 있다'는 평범한 진리를 확인할 수 있습니다.

> 독서 후 활동

4컷 사진 이야기

강아지인 구슬이의 시선에서 이야기를 그려내며 독자들에게 새로운 관점을 보여 주는 『나는 개다』처럼 우리도 그동안의 방식과 다른, 새로운 시선으로 세상을 바라보는 활동을 합니다. 먼저 백희나 작가의 작업 방식을 보여주는 영상을 시청합니다. 작가는 3차원의 세상을 직접 만든 다음, 이것을 사진으로 찍어 2차원의 그림책에 나타내는 독특한 작업 방식을 사용하는데 말로 설명하기보다 영상을 직접 보여주는 것이 이해가 훨씬 빠릅니다.

영상 시청 후, 우리도 백희나 작가 같은 방식으로 새로운 시선을 담은 '4컷 사진 이야기'를 만들어 봅니다.

백희나 작가의 작업 방식을 보여주는 영상.

❶ 모둠 구성 및 대상 정하기

4컷 사진 이야기 활동은 4명 정도로 구성된 모둠 활동으로 진행합니다. 모둠이 구성되면 사진을 찍기 전에 어떤 대상의 시선으로, 어떻게 세상을 바라볼 것인지 토의합니다. 활동지를 주고 교사가 미리 만든 예시를 보여주면 좀 더 쉽게 대상을 정할 수 있습니다.

새로운 시선으로 바라본 세상

4컷 사진 이야기 만들기

( )초등학교 ( )학년 ( )반 ( )

나는 사람, 동물, 식물, 사물 어떤 것도 될 수 있습니다.

◎ 나는 누구인가요? 나는 ( )다.

◎ 나의 특징은 어떠한가요?

◎ 4컷 사진 이야기에 담을 장면을 카메라의 위치를 생각하며 간단하게 그려 보세요.

장면 1	장면 2
장면 3	장면 4

◎ 각 사진의 이야기를 만들어 보세요.

장면 1:

장면 2:

장면 3:

장면 4:

4컷 사진 이야기 '나는 개운죽이다' (교사가 보여준 예시)

나는 개운죽이다 1
태어난 지 어느덧 3개월! 나의 푸릇한 이 파리 정말 아름다워!

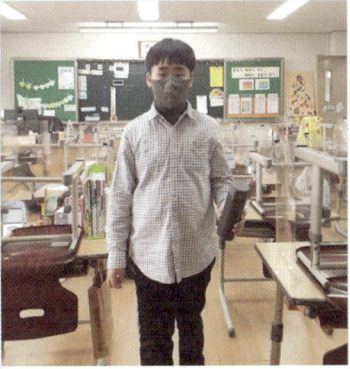

나는 개운죽이다 2
저기 우리 주인이 다가온다. 물을 주러 오는 거겠지? 친절하기도 하지!

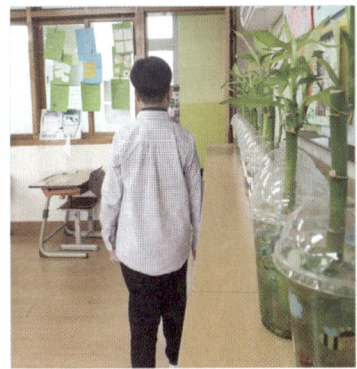

나는 개운죽이다 3
그런데 주인이 지나쳐 간다. 물을 주러 온 게 아닌가. 어디가, 주인?

나는 개운죽이다 4
내 앞에서 시원하게 물을 한 잔 마신다. 주인! 나도 목말라. 나를 살려줘!

❷ 4컷 사진 이야기 구상하기

　대상이 정해졌다면 4컷 사진을 어떻게 찍을지와 장면마다 들어갈 짧은 이야기를 구상합니다. 학생들은 선생님의 생각보다 훨씬 새롭고 창의력 있는 이야기를 구상해 내기 때문에 전적으로 주제 선정과 이야기 구성을 맡겨도 괜찮습니다. 선생님은 학생들이 이야기를 만드는 과정에서 토의가 원활하게 진행되는지 전반적으로 살피고 어려운 부분을 지원하는 역할을 합니다.

❸ 4컷 사진 찍기

　이야기의 윤곽을 어느 정도 잡은 모둠은 새로운 시선에서 세상을 바라보며 사진을 찍습니다. 사진을 찍기 전에 학생들이 정한 대상을 바탕으로 촬영 방법의 예시를 보여줍니다. 예를 들어 대상이 바닥이라면 낮은 곳에서 위를 바라보고, 똥파리라면 높은 곳에서 세상을 바라보게 되겠지요. 대상을 카메라에 담아내는 것이 아니라 온전히 그 대상의 눈으로 세상을 바라봐야 함을 여러 번 강조하는 것이 좋습니다. 사진 찍기 활동이 시작되면 되도록 자유롭게 움직이며 촬영하는 것을 허용합니다. 다만 모둠원이 함께 다니며 똑같이 참여할 것을 미리 약속해 주세요. 다음은 학생들이 찍은 4컷 사진 중 일부입니다.

학생들이 찍은 '나는 똥파리다'.

❹ 사진과 이야기 합쳐 게시하기

학생들이 만든 4컷 사진 이야기를 패들렛에 공유합니다. 게시물을 업로드할 때는 제목에 모둠 이름과 '나는 (　　)다.'를 쓰도록 하고, 사진을 순서대로 올린 뒤 구성한 이야기를 적게 합니다. 선생님은 패들렛을 둘러보며 각 모둠의 결과물이 제대로 업로드되었는지 확인해 줍니다. 만약 패들렛 사용이 힘든 환경이라면 학급 SNS를 활용하거나, 선생님 핸드폰 문자로 사진을 전송한 뒤 컬러 인쇄해서 이야기를 쓰도록 합니다.

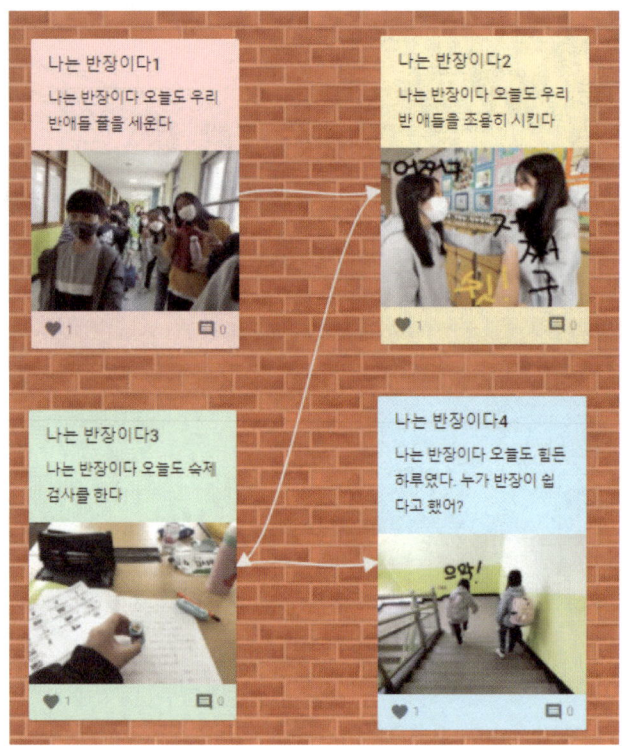

'나는 반장이다' 사진 이야기를 구성한 모둠의 게시글.

 패들렛 형식은 '캔버스'를 사용합니다. 학급 구성에 따라 셸프 형식을 사용해도 무방합니다. 아이스크림 띵커벨 보드의 경우에는 그룹형 사용을 추천합니다.

4컷 사진관 둘러보고 발표하기

모둠의 4컷 사진 이야기가 한데 모인 '4컷 사진관'이 완성되었습니다. 먼저 '4컷 사진관'을 둘러보며 다른 모둠에 질문할 것들을 미리 생각해 보게 한 뒤 각 모둠의 발표를 들어봅니다. 4컷 사진이므로 모둠 학생들이 돌아가며 한 장면씩 발표할 수 있습니다. 모둠 발표가 끝나면 궁금한 점을 친구들이 질문하고 답변하는 시간을 가집니다. 질문을 주고받는 과정에서 학생들은 자기 모둠의 작품에 더 애정을 느끼게 되고 새로운 상상력을 발휘하기도 합니다.

질의응답이 끝나면 모두 함께 감상평을 남깁니다. 패들렛의 '좋아요'와 댓글 기능을 활용하면 손쉽게 서로의 작품을 칭찬하고 응원할 수 있습니다. 자유롭게 감상평을 쓰는 분위기를 만들어 주되 어떤 점이 좋았는지 등 구체적으로 적을 수 있도록 독려해 줍니다.

모든 모둠의 발표가 끝난 뒤, 수업 소감을 나누며 활동을 마무리합니다. 그림책 이야기부터 모둠 활동에 대한 소감까지, 수업 전반에 대해 다시 한번 생각해 보는 시간입니다. 이를 통해 학생들은 배우고, 느끼고, 실천한 것을 마음속에 새기게 되지요. 어떤 방식이라도 좋으니 소감 나누기를 꼭 실천하는 것을 추천합니다.

- 다른 시선으로 세상을 바라보니 세상이 색다르게 보였어요.
- 반장의 눈으로 세상을 보니 반장의 마음이 어떤지 알게 되었어요. 이제 반장 말 잘 듣고, 열심히 도우려고요.
- 그림책 읽으면서 우리 집 강아지가 생각났어요. 오늘 강아지하고 산책할 거예요.
- 모둠원끼리 협력해서 사진 찍는 것이 재밌었어요. 친구들이 저희 모둠 사진 잘 찍었다고 칭찬해 줘서 기분도 좋았고요.

> 소감 나누기 활동은 번개 발표(모든 학생이 빠르게 발표하는 방법)를 활용해도 좋고, 공책 또는 포스트잇에 소감문을 써서 제출하게 해도 좋습니다.

▶▶▶▶▶

이 활동을 하고 나면 학생들은 학급살이에 필요한 중요한 두 가지 역량을 자연스럽게 기르게 됩니다. 첫 번째는 내가 아닌 '다른 존재'의 시선으로 세상을 이해하는 공동체 역량, 두 번째는 모둠이 함께 힘을 합쳐 결과물을 만들어 내는 의사소통 역량이지요. 물론 학생들의 역량이 하루아침에 쑥 자라나지는 않을 거예요. 하지만 학년 초, 그림책과 함께한 이 강렬한 경험은 1년 내내 학생들이 성장하는 자양분이 된답니다. 마치 『나는 개다』 속 구슬이를 지키는 동동이처럼요.

- 그림책 더 보기

1 작가 (다비드 칼리 글, 모니카 바렌고 그림, 엄혜숙 옮김, 나무말미)
타닥타닥 타자 소리로 하루를 시작하는 작가의 평범한 일상을 반려견의 시선으로 담아낸 그림책입니다.

2 눈을 감아 보렴! (빅토리아 페레스 에스크리바 글, 클라우디아 라누치 그림, 조수진 옮김, 한울림스페셜)
세상을 보는 방법은 하나일까요? 시각장애를 가진 형과 동생의 대화를 통해서 다양한 시선으로 세상을 바라보게 해줍니다.

3 자라가 들려주는 토끼의 간 이야기 (천미진 글, 조은애 그림, 키즈엠)
자라의 관점에서 들려주는 '토끼의 간' 이야기입니다. 서로 다른 관점에서 바라보며 서로의 입장을 이해하게 합니다.

3
조금 다른 친구 이해하기

담임교사를 하다 보면 다양한 특성을 가진 학생들을 만나게 됩니다. 장애가 있는 학생이 함께 생활하는 통합학급인 경우도 있고, ADHD(주의력 결핍 과잉 행동성 장애)나 경계성 지능 장애가 있는 친구들과 함께 생활할 때도 있지요. 선생님은 담임을 맡은 1년 동안 이 친구들이 의미 있게 성장할 수 있도록 많은 관심과 노력을 기울이게 됩니다. 물론 이 과정은 쉽지 않습니다. 예기치 못한 돌발 상황에 당황할 때가 많고 잊을 만하면 수시로 난감한 일이 벌어지거든요. 이런 어려움을 버티고 극복하는 힘은 오로지 '학급 공동체'의 끈끈함입니다. 주변 친구들이 적대적인 시선을 거두고 이들을 이해하고 존중하려고 노력할 때, 선생님 또한 훨씬 더 안정적으로 학급을 운영할 수 있습니다. 지금 이 순간에도 여러 어려움을 마주하며 극복하고자 애쓰는 많은 학급 공동체에 소개하고 싶은 그림책이 있습니다. 바로 『스즈짱의 뇌』입니다.

『스즈짱의 뇌』
다케야마 미나코 글, 미키 하나에 그림, 우노 요타 감수,
김정화 옮김, 봄나무

독서 전 활동

그림책 표지 살피기

『스즈짱의 뇌』는 자폐증스펙트럼을 가진 스즈가 주인공인 작품입니다. 스즈의 엄마가 편지 형식으로 딸의 증상과 마음을 설명하며 같은 반 친구들에게 고마움을 표현하고 있지요.

책을 읽기 전, 학생들에게 표지에 그려진 스즈의 얼굴만 보여 주었습니다. 어떤 생각을 하는지 짐작이 잘 되지 않는 묘한 표정입니다. 우리 반 학생들에게 "표지를 보면 주인공이 무슨 생각을 하는 것 같나요?"라고 물었더니 급식 먹을 생각한다, 숙제 걱정한다, 학원 가기 싫다, 게임 생각한다 등 각자의 경험에서 비롯된 다양한 답변이 쏟아졌습니다. 한바탕 왁자지껄한 대화가 끝나고 난 뒤에 그림책의 제목 '스즈짱의 뇌'를 공개했습니다. 일반적인 그림책 제목과 다르게 느껴졌는지 "과학 그림책이에요?"라고 묻는 학생도 있었습니다. 중요한 건 이 그림책의 부제입니다. 천천히 제목 밑의 부제를 읽어 주었습니다.

'자폐증스펙트럼ASD인 스즈 대신 스즈의 엄마가 보내는 편지.'

> 독서 중 활동

이미지 카드로 경험 나누기

『스즈짱의 뇌』는 자폐 성향의 아이들이 겪는 일들을 매우 현실적으로 그려 내고 있습니다. 우선 학생들과 함께 그림책을 읽으며 평소에 이해하기 힘들었던, 때로는 솔직히 짜증도 났던 친구의 행동을 깊이 이해하는 시간을 가졌습니다. 평소에 장난기 많은 친구들조차 굉장한 몰입을 보여줄 정도로 『스즈짱의 뇌』는 우리 교실 속 상황을 그대로 담아내고 있었지요. 그림책을 중간쯤 읽다가 이미지 카드를 꺼내서 학생들의 감정과 생각에 대해 이야기하는 시간을 가졌습니다.

💬 스즈와 같은 친구와 생활을 할 때, 여러분은 어떤 생각이 드나요? 그때 들었던 감정이나 생각과 가장 비슷한 카드를 골라보고, 왜 그렇게 생각했는지 이야기 나눠 봅시다.

학생들은 전에 없이 신중하게 이미지 카드를 골랐습니다. 다음은 학생들이 고른 카드와 그 이유입니다.

친구가 갑자기 수업시간에 웃을 때 왜 저러지 하고 혼란스러웠고, 친구의 머리에 미로 같은 것이 있는 게 아닐까 생각했다.

친구가 수업을 방해하면 솔직히 조금 짜증이 났다. 이해하고 싶어도 마음속에서 화가 올라올 때가 있었다.

친구가 수업을 방해하면 솔직히 조금 짜증이 났다. 이해하고 싶어도 마음속에서 화가 올라올 때가 있었다.

친구한테는 아무 말 안 했지만 짝한테 "진짜 왜 저래" 하고 중얼거렸던 것 같다.

이미지 카드 제공: 도란도란 스토리텔링 이미지 카드

꾸밈없이 솔직한 학생들의 이야기가 정말 고마웠습니다. 자폐증스펙트럼에 대한 깊은 이해가 없는 또래 학생이라면 누구나 한 번쯤 겪을 만한 감정이라는 생각이 들었기 때문입니다. 학생들은 친구들의 이야기를 들으며 자신을 다시 한번 돌아보게 되었지요. 학생들의 감정을 충분히 수용해 주면서 이렇게 말했습니다.

💬 여러분이 힘들고 짜증 나는 감정을 느낀 것은 자연스러운 일이니 죄책감을 가질 필요는 없어요. 다만, 오늘 우리가 그림책을 통해 장애를 가진 친구의 상황을 조금 더 자세히 알게 되었으니 예전보다는 조금 더 너그럽게 이해할 수 있는 마음의 공간이 생기지 않았을까?

제 말에 학생들은 엷은 미소로 고개를 끄덕였습니다. 학생 한 명 한 명에게 고마움을 담아 눈을 마주치고 책의 나머지 부분을 모두 읽어 주었습니다.

> 독서 후 활동

대신 전해 드립니다

책을 다 읽고 난 뒤에 자폐 성향이 있는 친구의 행동과 마음을 들여다보는 시간을 가졌습니다. 스즈의 행동과 마음을 친구들에게 전달하는 스즈 엄마처럼 학급 공동체가 함께 장애를 가진 친구의 행동에 어떤 의미가 있는지 고민해 보는 활동이지요. 먼저 자폐증 스펙트럼이 있을 때 자주 하는 행동을 살펴보았습니다. 갑자기 깔깔 웃기, 반복된 행동 하기, 귀 막고 '아~' 하며 소리내기, 모둠활동 구경하기 등이지요. 『스즈짱의 뇌』 32~33쪽에는 이러한 행동에 대한 해답들이 숨겨져 있습니다. 이 내용을 복사해 나눠 주고 모둠별로 이런 행동의 원인과 의도가 무엇인지를 찾아서 정리하도록 했습니다. 모둠별로 정리한 내용은 다음과 같습니다.

갑자기 깔깔 웃기	스즈 같은 친구들은 독특한 기억 구조를 갖고 있다. 그래서 예전에 기뻤던 일이나 슬펐던 일이 갑자기 떠오르고 이것을 표현하게 되는 것이다.
반복된 행동 하기	불안하거나 힘들 때 반복된 행동을 하기도 하고 편안하고 좋아서 이렇게 행동하기도 한다.
귀 막고 '아~' 하기	청각이 예민한 경우가 많다. 주변이 시끄러우면 감정을 다스리기 위해 이렇게 행동한다.
모둠활동 구경하기	주변에 관심을 가지는 행동이다. 스즈 같은 친구 중 다른 사람에게 큰 관심을 보이는 경우가 있는데, 그래서 친구가 활동하는 모습을 지켜보려는 것이다.

정리하는 내내 아이들 입에서는 "아, 그래서 이렇게 행동했구나" 하는 공감 언어가 끊이지 않고 터져 나왔습니다. 행동의 원인을 살피고 직접 정리해 보면서 친구의 행동을 조금 더 이해할 수

있게 된 것 같았습니다. 우리를 방해하려고 일부러 하는 행동이 아니라 어쩔 수 없이, 또는 현재 처한 상황과 감정을 제어하기 위해 선택한 방어 기제라는 것을 알게 되었지요.

이렇게 정리한 내용을 바탕으로 간단하게 역할극을 해보았습니다. 친구의 행동을 보고 "쟤 왜 저래?" 하는 사람에게 그 행동을 설명하는 '대신 전해드립니다' 활동입니다. 아래와 같이 간단한 역할극 대본을 쓰고 모둠별로 돌아가며 발표하도록 했지요.

학생❶_ 쟤 왜 갑자기 귀를 막고 '아~' 저러는 거야? 진짜 이상해!
학생❷_ 이상한 거 아니야. 저 친구는 자폐증을 갖고 있는데, 청각이 예민해서 감정을 다스리기 힘들 때 선택하는 행동이야. 우리가 충분히 이해할 수 있는 거야.
학생❶_ 아, 그렇구나. 나 몰랐어. 이제 이해하려고 노력할게.

이렇게 역할극을 통해 간접 체험을 함으로써 학생들은 친구의 행동을 더욱 깊이 이해하고, 그것을 실천하려는 태도를 내면화할 수 있었습니다. 멀리 떨어져 있었던 친구의 마음에 우리 모두가 한 걸음 크게 다가간 기회였지요.

친구 사용 설명서 쓰기

 지금까지 살펴본 내용을 종합해서 간단히 '친구 사용 설명서'를 써 보도록 했습니다. 패들렛을 활용해 『스즈짱의 뇌』와 같이 편지 형식으로 쓰도록 하였고, 학생들이 쓴 글은 한꺼번에 출력해서 책처럼 묶어 놓았습니다. 가끔 친구의 행동을 이해하기 힘들어질 때, 언제든지 꺼내서 읽어 볼 수 있게 말이지요.

내 친구를 소개합니다. 내 친구는 자폐 스펙트럼을 갖고 있습니다. 하지만 우리와 똑같이 보고, 듣고, 냄새 맡고, 먹을 수 있는 평범한 친구입니다. 다만 뇌가 우리와 조금 다를 뿐입니다.

내 친구가 갑자기 웃거나 운다고 당황하지 마세요. 친구의 뇌 속에는 여러 가지 기억들이 있거든요.

친구가 갑자기 책상을 쳐도 놀라지 마세요. 불안하거나 초조해서 그럴 수 있어요. 아니면 옆에 있는 당신이 너무 좋아서 그럴지도 몰라요.

친구가 빤히 당신을 바라본다면 빙그레 웃어주세요. 친구는 친구들과 사람들을 좋아해요.

우리 친구를 많이 이해해 주세요. 고맙습니다.

위와 같은 활동을 진행할 때는 사전에 특수교사 및 특수아동의 학부모와 충분한 의사소통을 거치는 것이 좋습니다. 교육 내용을 전체적으로 함께 점검하는 과정에서 더욱 의미 있는 수업 운영이 가능하기 때문입니다.

▶▶▶▶▶

다른 사람을 더 깊이 이해하는 것은 어쩌면 엄청난 노력이 필요한 일인지도 모릅니다. 하지만 모두가 함께 노력한다면 그 끝에는 분명 따뜻하고 탄탄한 신뢰와 믿음이 자리하게 될 거예요. 어려운 학생을 맡아 고민이 크신가요? 부담은 조금 내려놓으시고 학생들과 함께 그들을 들여다보고 이해하는 시간을 가져 보세요. 어느샌가 선생님 곁을 든든히 지키며 "저희는 다 이해해요!"라고 말하는 귀여운 지원군들을 만나게 될 것입니다.

• 그림책 더 보기

1 행복한 화가, 나의 형 (우영은 글, 이윤희 그림, 뜨인돌어린이)
남과 다른 형이 처음엔 너무 밉고 힘들었으나 점차 형을 이해하게 되고 자랑스러워하는 동생의 변화를 그렸습니다. 각자의 약점과 그 약점

너머의 '특별함'을 생각해 보게 해줍니다.

2 달라도 친구 (허은미 글, 정현지 그림, 웅진주니어)

생김새가 다르고 성격이 다르고 좋아하는 것이 달라도 나와 너, 우리는 친구가 될 수 있을까요? 자연스럽게 '타인과의 차이를 인정하고 존중하는 법'을 깨닫게 됩니다.

3 그냥 내 친구니까 (플로랑스 지벨레-드 레스피네이 글, 브리지트 메르카디에 그림, 라미파 옮김, 한울림스페셜)

학교나 가정에서 장애에 대해 이야기 나눌 때 함께 보기 좋은 그림책입니다. "장애인? 난 그런 어려운 말 몰라! 아더는 그냥 내 친구라고!"

5

올바르게 소통하기

1
부드럽게
말해요

'혀 아래 도끼'라는 무시무시한 속담처럼 우리는 모두 말로 상처를 주고받은 경험이 있습니다. 이번에 소개할 그림책 『말 상처 처방전』은 말로 인해 상처받은 경험을 떠올리고, 서로를 보듬어 주는 작품입니다. 그림책의 구성은 굉장히 단순합니다. 어린이에게 중요한 주변 인물인 친구, 선생님, 가족에게 들은 대표적인 상처의 말 30가지와 해당 상황을 귀여운 일러스트와 함께 제시하고 바로 옆쪽에 '말 상처 처방전'을 배치해 상처 주는 말을 약이 되는 말로 바꿔놓았습니다. 이 책을 함께 읽다 보면 선생님이 "비슷한 경험에 대해 말해 봅시다."라고 하기도 전에 학생들이 자기 이야기를 쏟아내느라 바쁩니다. 우리를 속상하게 했던 이야기를 꺼내어 공감하고 다시 약이 되는 말로 바꾸어 보는 활동을 하면서 교실은 한결 따뜻해집니다. 혼자 읽을 때보단 함께 읽을 때 더욱 빛나는 그림책 『말 상처 처방전』, 지금부터 자세히 살펴보겠습니다.

『말 상처 처방전』
조경희 글, 시미씨 그림, 엠앤키즈

> 독서 전 활동

이미지 속담 퀴즈

그림책 읽기에 앞서 '말'과 관련 있는 속담 맞히기 활동을 합니다. 뜻을 문장으로만 제시하기보다 관련 이미지를 보여주고 어떤 속담인지 맞혀보게 하면 학생들의 흥미를 높일 수 있습니다. 이미지 속담 맞히기 게임은 다음과 같이 모둠 활동으로 진행합니다.

① '말'과 관련된 속담을 준비합니다. (예: 낮말은 새가 듣고, 밤말은 쥐가 듣는다)
② 해당 속담을 상징하는 이미지를 학생들에게 보여줍니다. (예: 해, 새, 밤, 쥐)
③ 학생들은 이미지를 보고 어떤 속담인지 추측해서 맞힙니다.

④ 먼저 정답을 말한 친구의 모둠이 10점을 받습니다.
⑤ 위와 같은 방식으로 5~10개 정도의 속담을 함께 살펴봅니다.
⑥ 가장 많은 점수를 얻은 모둠이 이깁니다.

속담 맞히기 활동이 마무리되면 언급된 속담들의 공통점을 생각해 보게 합니다. 조금만 시간을 주면 아이들은 말에 관한 속담이라는 것을 어렵지 않게 파악합니다. 눈치 빠른 학생은 앞으로 읽을 그림책 주제가 말과 관련 있음을 알아차리기도 합니다. 이때 그림책 『말 상처 처방전』을 꺼내 보여줍니다. 제목이 직관적이기 때문에 초등학교 중학년 이상의 학생들은 내용을 쉽게 유추합니다. 제목을 보며 말로 받은 상처가 때로는 진짜 상처보다 더 크고 치료하기 힘들다는 것, 하지만 정작 말 상처 처방전을 써 주는 병원은 없다는 것에 대해서도 이야기 나눌 수 있습니다. 오늘 우리가 직접 서로의 말 상처 처방전을 써 주자고 제안하며 책을 읽기 시작합니다.

> 독서 중 활동

　『말 상처 처방전』에는 일상생활에서 쉽게 겪는 90가지 다양한 상황이 제시되어 있습니다. 친구 관계, 선생님과 나의 관계, 가족 간의 관계로 나눠 구성했지요. 친구의 성향이나 외모를 두고 놀리는 상황도 있고, 잘못된 행동을 하는 친구를 지적하다가 오히려 상처되는 말을 하는 상황도 있습니다. 아이들은 종종 누군가 자신에게 잘못된 행동을 했다면 그렇게 한 상대에겐 심한 말을 해도 된다고 생각합니다. 각 학급 상황에 맞게 그림책 속 활동 예시를 선택한다면 좀 더 효과적인 수업이 가능합니다.

상처되는 말 vs. 말 상처 처방전

　그림책에 제시된 내용 중 학생들이 겪어 보았을 만한 상황을 친구, 선생님, 가족 관계별로 2개씩 골라 함께 살펴봅니다. 우선 PPT를 이용하여 상처가 되는 말은 가린 채, "축구할 사람 모여라!"라는 책 속 상황을 일러스트로 보여줍니다. 그다음 이 상황에서 할 수 있는 말 중 어떤 말이 친구에게 상처가 될지 예상해서 이야기해 보라고 합니다. "너나 해", "재미도 없는 거 왜 하냐" 등의 타박 섞인 말이 나옵니다. 학생들이 그림책 속 문장과 비슷한 내용을 발표하면 가려두었던 원래 문장을 공개합니다. 그리고 해당 문장을 어떻게 바꿀 수 있는지 옆 페이지에 있는 '처방전'을 이어서 읽습니다. 이 과정에서 학생들은 이 책이 어떤 구성으로 만들어져 있는지 이해하게 됩니다.

이제 본격적으로 '상처되는 말'과 그 말을 어떻게 바꿀지 생각해 볼 차례입니다. 그림책에 있는 또 다른 상황과 일러스트를 보여 줍니다. 우리 반은 "내 마음에 쏙 드는 친구들에게만 생일 파티 초대장을 나누어 주었어."라는 상황에서 초대장을 나눠 주는 친구에게 충고하는 장면을 선택했습니다. 그리고 해당 상황에서 어떤 말이 그 친구에게 상처가 될지 써 보도록 했습니다. 학생들은 1분도 걸리지 않고 여러 가지 말들을 쏟아냈습니다.

- 차별하냐? 진짜 짜증 나. 나도 네 생일 파티 가기 싫거든?
- 한심한 녀석. 너 같은 녀석에게는 초대장 받기도 싫어. 받은 애들도 안 갈걸?
- 너 진짜 못됐다. 이렇게 대놓고 차별하니까 네가 애들한테 인기가 없는 거야.
- 너도 나 초대장 안 줬으니까 너랑 이제부터 안 놀 거야.

포스트잇을 칠판에 붙이고 어떤 내용이 적혀 있는지 하나하나 읽고 난 뒤에 학생들에게 물었습니다.

💬 여러분, 친구를 차별해서 생일 초대장을 나눠 주는 행동은 다른 친구를 서운하게 할 수 있어요. 그렇더라도 여러분이 친구들에게 이런 말을 들으면 어떤 기분이 들 것 같나요? '다음에는 그러지 말아야지.' 하고 반성할 수 있나요?

- 아니요. 더 빈정 상하고, '내가 뭘 잘못했는데?' 하는 억울한 마음이 들 것 같아요.
- 저런 말 하는 애들한테 초대장 나눠주지 않은 게 다행이라고 생각할 것 같아요.
- 학교 폭력 같은 기분이 들어서 신고하고 싶을 거예요.

친구를 차별하는 아이의 행동을 지적하는 상황이지만 거친 말은 오히려 역효과만 불러일으킬 뿐입니다. 그렇다면 어떻게 해야 친구의 잘못을 지적하면서도 내 마음을 부드럽게 전달할 수 있을까요? 이런 고민을 담아 '말 상처 처방전' 써 보는 시간을 이어갑니다.

상처되는 말을 쓸 때와는 달리 처방전을 쓰는 학생들의 표정에 깊은 고민이 보입니다. 쓰는 시간도 훨씬 많이 걸립니다. 이처럼 남을 아프게 하는 말은 빠르고 쉽게 나오지만 약이 되는 말은 곰곰이 생각하고 고민해야 정리할 수 있습니다. 그렇기 때문에 말을 할 때 신중해야 한다는 점을 아이들에게 이야기해 줍니다. 다음은 학생들이 직접 쓴 처방전입니다.

- 아무리 네 마음이라 해도 차별은 하지 않으면 좋겠어. 그리고 혹시 나도 초대할 수 있어?
- 나도 그 초대장 받고 싶어. 만약 초대장 줄 거면 우리 모두에게 주면 좋겠어. 다 같이 놀아야지 재미있잖아.
- 우린 모두 친구인데 그렇게 좋아하는 애들에게만 초대장 주면 못 받은 친구들이 서운할 것 같아. 다 같이 행복해질 수는 없을까?

상처되는 말을 쏟아 낸 학생들이 썼다고 믿기 힘들 만큼 훨씬 더 정제된 언어로 바뀌었습니다. 칠판에 붙은 말 상처 처방전을 천천히 읽고 난 뒤에 소감을 물었습니다.

💬 만약 여러분이 초대장을 나눠준 친구라면 어떤 기분일 것 같아요?

- 내 잘못을 진심으로 걱정해 주는 느낌일 것 같아요.
- 미처 생각하지 못했는데 미안한 기분이 들 것 같아요.
- 내 행동에 상처받은 아이들한테 사과하고 싶은 기분이 들어요.

신기하게도 같은 상황에서 '말 한마디'가 달라지니 느낌이 180

도로 바뀌었습니다. 비록 익숙하진 않아도 왜 우리가 처방전처럼 말해야 하는지 그리고 왜 부드럽게 말하는 법을 공부하고 연습해야 하는지 직접 깨닫게 되는 순간입니다.

> 독서 후 활동

나에게 가장 상처를 준 말

그림책을 보며 '상처'를 '약'으로 바꾸어 보았다면 이것을 우리의 삶과 연결하는 연습을 해봅니다. 학생들에게 최근에 들었던 말 중 가장 상처가 되었던 말을 적어 보도록 합니다. 이때 이름을 쓰지 않게 하면 학생들이 자신의 경험을 좀 더 솔직하게 적을 수 있습니다. 다음은 학생들의 답입니다.

- 노력도 안 하는데 뭘 한다고 그래? 그럴 거면 속 태우지 말고 그냥 하지 마.
- 너 같은 아들 필요도 없어.
- 너랑 나 오늘부터 손절이야. 말 걸지 마.
- 응, 너 노잼이니까 좀 꺼져줄래?

"앗, 이런 말을 들었다고? 선생님이라면 울었을 것 같은데…" 등 적극적인 공감을 표현하며 학생들이 쓴 아픈 기억을 읽어내려

갑니다. 몇몇 학생의 표정에 후회와 반성의 기색이 스쳐 지나갑니다. 아이들 이야기를 다 살펴봤다면, 친구들에게 '말 상처 처방전'을 받고 싶은 사람이 있는지 물어봐도 좋습니다. 우리 반에서는 별이가 조심스럽게 손을 들었습니다. 별이가 최근에 가장 상처받은 말은 바로 이것이었습니다.

"너는 겨우 이것도 못하니? 계산도 못하면 수학은 답 없어. 하, 답답하다."

예상치 못한 상황에 저도 놀라고 학급 친구들도 놀랐습니다. 별이는 우리 반에서 손꼽히는 우등생이었기 때문입니다. 별이가 수학 문제를 잘 못 풀자 아빠가 한 말이라고 했습니다. 그 말을 들을 때 마음이 어땠는지 묻자 별이는 이렇게 말했습니다.

"짜증 나고 슬펐어요. 아빠는 동생한테는 상냥하면서 나한테는 왜 이럴까 생각했어요."

한 사람을 위한 '말 상처 처방전'

별이의 진심 어린 고백에 친구들이 덩달아 진지해졌습니다. 친구들 모두 별이의 아빠가 되어 별이만을 위한 말 상처 처방전을 쓰기로 했습니다. 이때는 온라인 도구인 '롤링페이퍼'를 활용했습니다. 롤링페이퍼 사이트는 링크만 공유하면 누구나 글을 쓸 수 있고 사용법이 굉장히 간단해 학생들도 쉽게 활용합니다. 특히 올라오는 글이 바로바로 확인되어 누군가의 말을 직접 듣는 것과 같은 느낌을 줍니다.

친구들은 별이에게 하고 싶은 말을 적어 올리기 시작했습니다. 실시간으로 올라오는 처방전을 살펴보며 별이의 표정도 덩달아 환해졌습니다. 게시물을 함께 살펴본 후, 별이에게 가장 마음에 드는 처방전을 골라보라고 하였습니다. 한참을 고민하던 별이가 몇 개를 골랐습니다.

학생들이 쓴 말 상처 처방전.

- 괜찮아, 열심히 노력하면 언젠가는 잘하게 될 거야. 처음부터 잘하는 사람도 있겠지만 사람마다 잘하는 게 달라. 못하는 것은 더 노력하면 잘하게 될 거야. 힘내!
- 노력하고 또 노력하다 보면 실력은 점점 늘게 되어 있어. 열심히 공부하고 노력해서 멋지고 현명한 사람이 될 수 있었으면 해. 마음에 상처가 남아 있겠지만 아픈 말은 최대한 신경 안 쓰려고 노력했으면 좋겠어. 만약 그 말이 계속 떠오른다면 친구와 노는 것, 놀러 가는 것 등을 생각하며 잊으려고 노력해 봐. 앞으로 응원할게! 파이팅!

별이에게 친구들의 처방전을 받은 소감을 묻자 "너무 고맙고 좋아요. 이런 말을 더 많이 듣고 싶어요."라고 했습니다. 학급 친구들이 자신의 상처에 집중해 주고 진지하게 위로해 주어 감동한 눈치였습니다. 친구들 역시 그런 별이를 보며 뿌듯해했습니다. 교실의 분위기는 전에 없이 따뜻해졌습니다.

실천 의지 다지기

활동이 끝나면 수업 후기를 받습니다. 수업 후기에는 '배-느-실'(배운 것-느낀 것-실천하고 싶은 것)을 자세히 적게 합니다. 오늘 배운 것을 마음속에 새기고 실천하려는 의지를 담아서요. 우리 반 아이들은 이런 소감을 적었습니다.

- 오늘 말의 중요성에 대해 느끼게 되었다. 누군가에게 무심코 던진 말이 큰 상처를 줄 수 있고, 내게도 돌아올 수 있다. 한 번 더 생각하고 친절하게 말해야겠다.
- 말 상처 처방전은 연습하고 또 연습해야 하는 것이다. 쉽게 튀어나오는 말들로 친구들과 싸우지 말고 고민하면서 말하려고 노력해야 한다.
- 내 말에 그동안 상처받았을지도 모르는 친구들이 생각났다. 그리고 그 친구들에게 꼭 "미안해!"라고 이야기해 주고 싶다. 오늘 말 상처 처방전 방법을 알았으니 함께 실천한다면 우리 모두 행복한 교실을 만들 수 있을 것 같다.
- 아무리 친구가 잘못한 상황이라도 내가 말을 나쁘게 하면 나 또한 똑같은 사람이 된다. 말 상처 처방전에서 배운 대로 친절하게, 마음을 잘 전달하도록 노력할 것이다.

▶▶▶▶▶

살면서 말로 상처를 주거나 받은 기억은 누구에게나 있을 것입니다. 하루아침에 '처방전'처럼 말하기는 힘들겠지만 우리 학생들은 분명히 잘 해낼 겁니다. 서로의 상처를 어루만지는 경험을 함께했으니까요. 학생들 마음속에 심긴 실천의 씨앗이 1년 후, 놀라울 만큼 풍성한 열매를 맺을 것입니다.

• 그림책 더 보기

1 누군가 뱉은 (경자 지음, 고래뱃속)

누군가 뱉어낸 검댕이 '꺼져'는 다른 검댕이 친구들처럼 사람들을 괴롭히기보다는 사람들의 웃음이 담긴 무지갯빛 방울들과 함께 있고 싶습니다. 불가능한 꿈을 실현하려는 '꺼져'의 모험을 따라가다 보면 문득 내가 뱉은 말은 어떤 색일까 돌아보게 됩니다.

2 내가 듣고 싶은 말 (이정원 글, 김태은 그림, 뜨인돌어린이)

어른들이 무심코 내뱉는 상처되는 말 대신 아이가 듣고 싶은 말은 따로 있어요. 일상에서 사소하게 마주치는 여러 상황에서 우리 아이에게 진정으로 필요한 말은 무엇일까요?

3 말의 형태 (오나리 유코 지음, 허은 옮김, 봄봄출판사)

만약 말이 눈에 보이게 된다면 남에게 상처 주는 말은 확 줄어들지도 모릅니다. 말의 형태를 구체적으로 상상해 보고 말 너머의 마음에 대해서도 생각해 보는 책입니다.

2
나의 감정을 정확히 말해요

나의 불편한 마음을 다른 사람에게 전달하는 것은 쉬운 일이 아닙니다. 내 의지와 상관없이 관계가 틀어질 수도 있고, 사과를 받기는커녕 공격이나 비난을 받을 때도 있거든요. 그렇다고 불편한 마음을 꾹 참기만 한다면 그 또한 건강한 상태는 아니지요. 상대의 감정을 상하게 하지 않으면서 나의 의도를 정확하게 표현하는 의사소통에는 많은 연습과 노력이 필요합니다. 이번에 소개할 그림책도 바로 이런 고민을 안고 사는 주인공의 이야기입니다. 다른 사람들에게 싫은 소리를 하지 못하는 주인공은 '착한 아이 콤플렉스'에 걸린 우리 모두를 보여주는 듯합니다. 그림책 『곰씨의 의자』를 펼쳐 보겠습니다.

『곰씨의 의자』
노인경 지음, 문학동네

독서 전 활동

나는 어떤 유형?

『곰씨의 의자』를 읽기 전에 표지를 함께 살펴봅니다. 그림책의 표지와 면지는 내용을 유추할 수 있는 여러 가지 정보를 담고 있으며 독서 전에 다양한 생각의 그물을 펼치도록 도와줍니다. 관찰력이 뛰어난 학생은 제목이 '곰씨의 의자'인데 표지에 의자가 없다는 점을 발견하기도 합니다. 왜 의자가 없을 것 같은지 물어보면 다양한 생각들을 쏟아냅니다.

- 곰이 투명 의자 자세를 취하면서 운동하는 이야기일 것 같아요.
- 빨간 동물들과 곰이 의자 때문에 싸우는 이야기인 것 같아요.
- 자세히 보면 제목이 의자 모양으로 있는 것 같은데요?

이번에는 그림책 면지를 살펴봅니다. 『곰씨의 의자』의 앞 면지와 뒤 면지 그림은 확연한 차이가 있습니다. 앞 면지에는 아무도 없이 조용한 분위기에 의자 하나만 놓여 있고, 뒤 면지에는 곰씨가 수많은 토끼와 어울리는 모습이 그려져 있습니다. 아이들이 표지에서 '빨간 동물'이라고 이야기한 캐릭터가 바로 토끼였지요.

학생들에게 두 면지 중 어떤 분위기가 더 마음에 드는지 골라 보게 하면 재미있는 결과가 나오기도 합니다. 평소에 조용하고 내성적인 친구들은 앞 면지를, 외향적이고 친구들과 노는 걸 좋아하는 학생들이 뒤 면지를 고릅니다. 선택 이유도 비슷합니다.

앞 면지 선택 이유	- 조용하고 평화로워 보인다. - 누구에게도 방해받지 않는 분위기가 정말 좋다.
뒤 면지 선택 이유	- 어울려 살아가는 모습이 활기차 보인다. - 같이 걷고 노는 것이 행복한 사회니까.

한 교실에서 생활하는 학생들이지만 이렇듯 성향과 기질에 따라 생각이 다름을 그림책 면지 함께 보는 것으로도 확인할 수 있습니다. 이제 앞 면지를 좋아하는 친구들 같은 '곰씨'와 뒤 면지를 좋아하는 친구들 같은 '토끼들'이 나오는 그림책 『곰씨의 의자』를 함께 읽기 시작합니다.

> 독서 중 활동

내가 만약 곰씨라면?

주인공 곰씨는 조용하고 차분한 성격의 소유자입니다. 좋아하는 의자에 앉아 시집을 읽고, 차를 마시며 음악을 감상할 때 행복을 느끼죠. 그러던 어느 날, 곰씨는 토끼 부부와 친구가 되었는데, 그때부터 문제가 시작됩니다. 토끼 가족들이 곰씨를 가만두지 않았거든요. 평화로운 곰씨의 일상은 방해받기 시작했고, 곰씨는 점점 참기 힘들어집니다. 불편한 마음을 토끼 가족에게 표현할 수 없었던 곰씨는 온갖 방법을 궁리해 보지만 토끼 가족들의 방해를 막지는 못했습니다. 이 부분에서 잠시 학생들과 이야기를 나눕니다.

💬 곰씨가 정말 다양한 해결 방법을 시도했네요. 여러분이 만약 곰씨라면 어떤 방법을 생각했을 것 같나요?

학생들에게 육각보드를 나눠준 뒤 각자의 생각을 적어보게 했더니 다양한 답변들이 쏟아졌습니다.

- 벤치를 부숴버리고 동굴을 찾아서 들어간다. 토끼 가족들이 찾을 수 없는 곳으로!
- 토끼 가족들이 넘어올 수 없게 커다란 철조망을 친다.
- 곰씨 가족들도 초대해서 벤치에 일렬로 앉혀 놓는다.
- 공원 벤치는 포기하고 새로운 벤치를 사서 집 앞에 놓는다.
- 새로운 벤치를 하나 더 사서 아무도 모르는 조용한 곳에 갖다 놓는다.

학생들이 쓴 해결 방안을 함께 읽었더니 교실 곳곳에서 웃음이 터져 나왔습니다. 토끼 가족에게 싫은 소리는 하기 싫고, 그러면서도 불편한 마음은 없애고 싶은 곰씨의 절박한 마음이 느껴지는 순간이었지요. 그런데 한 학생이 손을 번쩍 들더니 이런 이야기를 했습니다.

"선생님, 그런데요. 그냥 토끼 가족에게 솔직한 마음을 전하는 게 제일 빠르지 않나요? '나는 너희들이 벤치에서 내 생활을 방해하는 게 힘들어. 그러니까 그만해 줘.' 이렇게요."

다른 학생들도 "사실 그게 맞죠!" 하면서 공감했습니다. 곰씨와 토끼 가족 모두가 편해지려면 솔직하게 이야기하는 것이 가장 좋은 방법임을 학생들 모두 이해하고 있었던 것이지요.

> 독서 후 활동

나의 경험 나누기

『곰씨의 의자』에서 곰씨는 결국 진심 어린 말로 토끼 가족에게 자신의 불편한 마음을 토로합니다. 토끼 가족 역시 곰씨의 마음을 이해하고 곰씨를 배려하는 생활을 하게 되지요. 그림책을 다 읽은 후 곰씨처럼 다른 누군가를 불편해했던 경험을 나누어 봅니다. 우리 모두에게는 곰씨의 모습이 어느 정도 있으니까요.

> 💬 그림책을 읽으며 곰씨의 행동이 답답했지요? 그런데 우리도 사실 곰씨와 별반 다르지는 않아요. 기분 나빠도 바로 표현하지 않고 속으로 삭이거나, 불편한 감정을 애써 숨기는 경우가 많지요. 여러분은 언제 곰씨처럼 행동했나요? 그리고 왜 그렇게 행동했나요? 나의 모습을 돌이켜 보고, 포스트잇에 적어 봅시다.

학생들은 천천히 자신의 모습을 돌이켜 보면서 곰씨처럼 행동했을 때의 상황과 이유를 정리해 갔습니다. 다 적고 난 뒤에는 모둠원끼리 나누는 시간을 가졌습니다. 누군가 내 물건을 빌려 갔다가 돌려주지 않았을 때, 친구가 기분 나쁜 장난을 치거나 놀렸을 때, 수업시간에 짝이 자꾸 딴짓하는 게 거슬렸을 때, 엄마가 은근히 형과 나를 비교했을 때… 학생들은 일상에서 흔히 겪을 수 있는 작은 사건들을 떠올렸습니다. 기분이 좋지 않다고 말했다가 괜히 어색한 관계가 될까 봐 어쩔 수 없이 꿀씨가 되어버린 순간들이지요.

'나 전달법' 연습하기

나의 감정을 올바른 표현으로 상대에게 전달하는 것은 무척이나 중요합니다. 특히 부정적인 감정은 해소되지 않고 차곡차곡 쌓였다가 언젠가는 크게 폭발하기도 하니까요. 학생들이 경험 나누기를 통해 나를 제대로 말하려면 솔직함과 용기뿐 아니라 상대방에게 상처 주지 않는 대화법도 필요하다는 것을 이해했으니 이제 '나 전달법'을 함께 연습할 차례입니다. '나 전달법'은 '나'를 주어로 상대방의 행동에 대한 감정을 전달하는 대화법입니다. "네가 잘못했잖아"라며 '너'를 주어로 상대의 잘못을 지적하거나 비난하는 대신 "내 감정은 지금 이래."라고 이야기하는 방식이지요. 나 전달법을 사용하면 나의 감정을 솔직히 드러내면서 상대방에게 상처 주지 않고 내 의견에 귀 기울이게 만드는 효과를 만들어 낼 수 있습니다.

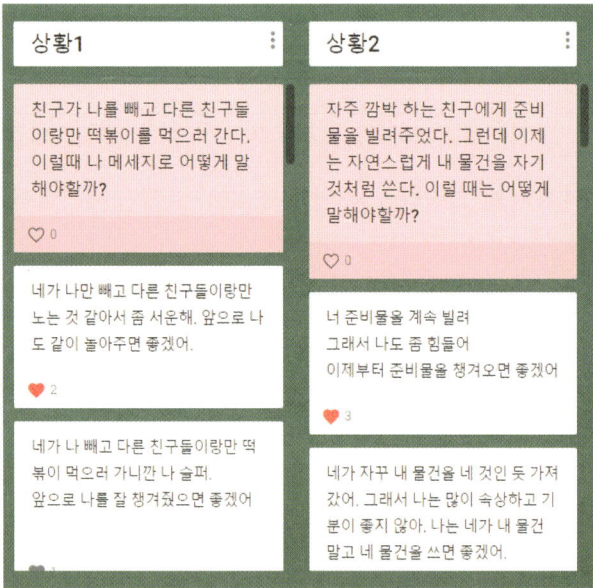

'나 전달법' 연습.

❶ 나를 불편하게 하는 상황 찾기

나 전달법을 연습하기 위해 먼저 나를 불편하게 하는 여러 가지 상황과 문제 행동을 붉은색 포스트잇에 씁니다. 불편한 상황과 문제 행동을 쓸 때는 나의 가치 판단이 들어가지 않고 사실에 근거해 적어야 합니다. 이렇게 문제 상황을 찾는 것만으로 학생들이 '아, 저 친구는 이런 상황에서 불편한 감정을 느끼는구나'라는 것을 인식하게 되는 효과가 있습니다. 다음은 학생들이 찾은 '나를 불편하게 하는 상황'입니다.

- 친구가 나에게 욕을 할 때
- 친구가 내 외모를 가지고 뭐라고 할 때
- 나랑 노는 친구가 없을 때
- 수업시간에 시끄럽게 할 때
- 친구들끼리 싸울 때
- 다른 사람이 날 툭툭 칠 때
- 다른 사람이 내 감정을 수용하지 않을 때
- 내 물건 빌리고 안 돌려줄 때
- 친구가 내 말을 못 들었을 때
- 체육시간에 친구들이 싸울 때
- 모둠활동에 참여하지 않는 친구를 볼 때

❷ 불편한 상황에서의 감정 찾기

이번에는 노란색 포스트잇을 나눠주고 '나를 불편하게 하는 상황'에서 어떤 감정을 느끼는지 적도록 합니다. 단순히 '짜증 난다', '화난다'가 아니라 앞서 했던 마음 수업을 토대로 자신의 감정을 조금 더 세밀하게 써 보도록 독려합니다. 감정 목록을 활용해도 좋습니다.

❸ 나의 바람 적기

세 번째로 문제 상황을 해결하기 위한 나의 바람이 무엇인지를 생각해서 초록색 포스트잇에 적습니다. 예를 들어 '누군가가 나를 툭툭 치는 것(문제 상황)이 귀찮고 짜증 난다(감정)'면 바람은 '나를 그만 툭툭 치고, 정중하게 사과를 해줬으면 좋겠어.'라고 쓰면 됩니다. 나의 바람은 상대방이 알아들을 수 있도록 명확하게 적되, 상대를 힐난하거나 비판해서는 안 됩니다.

❹ 나 전달법 말하기

앞서 살펴본 문제 상황-나의 감정-나의 바람을 하나의 문장으로 묶어서 말해보는 연습을 합니다. 학생들이 쉽게 기억할 수 있도록 나 전달법의 구성요소를 '행-감-바(행동-감정-바람)'로 안내하면 좋습니다. 짝끼리 마주 보고 나 전달법을 연습합니다. "(행동) 너는 수업 시간에 너무 시끄럽게 떠들 때가 있어. (나의 감정) 그러면 나는 화가 나고 힘들어. (바람) 앞으로 그러지 않았으면 좋겠어." 등으로 말하면서 나 전달법에 익숙해지는 연습을 합니다.

문제 상황	나의 감정	나의 바람
친구가 나에게 욕을 할 때	서운하다	나에게 욕을 하지 말아줘.
나랑 노는 친구가 없을 때	외롭다	내게 조금 관심을 가져줘.
체육시간에 싸울 때	불안하다	그만 싸우고 대화로 풀자.
다른 사람이 날 툭툭 칠 때	귀찮고 짜증 난다	그만 툭툭 치고, 사과해 줘.

❺ 나 전달법 적용하기

짧게나마 연습해 본 대화법을 다른 친구의 상황에도 적용하는 단계입니다. 여전히 곰씨처럼 말하지 못하고 힘들어하는 친구가 있다면 함께 도와주자고 제안합니다. 앞서 모은 문제 상황 중

하나를 뽑아도 좋습니다. 우리 반은 "친구가 내 외모를 가지고 뭐라고 할 때"를 뽑았습니다. 한창 외모에 관심이 많은 때라 친구의 상황에 마음이 쓰였나 봅니다. 이 문제 상황을 쓴 태우에게 당시의 상황과 느꼈던 감정을 말해달라고 이야기했습니다.

"친구가 제 외모를 게임 캐릭터 닮았다고 놀렸어요. 저도 장난인 것을 알고는 있었지만 속상하고 기분이 별로였어요. 하지만 제가 화를 내면 저를 싫어할까 봐 말하지 못했어요."

학생들은 태우의 사연을 듣고 어떻게 나 전달법을 활용해서 자신의 감정을 전달해야 할지 함께 고민하고 패들렛에 글을 올렸습니다. 패들렛을 활용하면 내용을 잘 이해한 학생들이 먼저 글을 올리고 아직 익숙하지 않은 학생들도 친구들의 글을 참고해 문장을 완성할 수 있어 서로 돕는 효과가 있습니다.

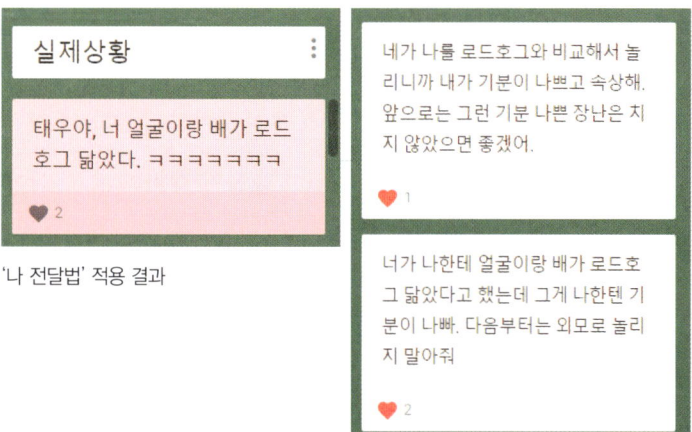

'나 전달법' 적용 결과

친구들이 알려준 나 전달법을 보고 태우가 "앞으로는 이렇게 이야기할게요."라고 씩 웃어 보였습니다. 그때, 우리 반 장난꾸러기 중 한 명인 준서가 손을 들더니 말했습니다.

"사실 제가 그때 태우를 놀렸는데요, 태우가 저렇게 속상해하는 몰랐어요. 태우야, 미안. 앞으로는 안 놀릴게."

태우와 준서가 마치 『곰씨의 의자』의 곰씨와 토끼처럼 보였습니다. '나 전달법'의 힘이 느껴지는 순간이었지요. 그 덕분에 우리 모두 서로를 배려하며, 자기 감정을 올바르게 전달하자고 약속할 수 있었습니다.

▶▶▶▶▶▶

함께 지내는 1년 동안 학급 안에서는 무수히 많은 곰씨와 토끼들이 나타납니다. '나 전달법'은 한 번의 수업으로 완벽하게 배우기 쉽지 않습니다. 올바른 의사소통 습관은 끊임없는 연습과 성찰이 선행되어야 하기 때문이지요. 그러니 교실에서 곰씨가 나타날 때마다, 토끼들이 출몰할 때마다 오늘 함께한 수업 내용을 되새겨 주세요. 조금씩 꾸준히 노력한다면 분명 우리 학생들은 그림책 속 곰씨보다 훨씬 빠르고 멋진 방법으로 문제를 해결할 수 있을 겁니다.

● 그림책 더 보기

1 친구가 미운 날 (가사이 마리 글, 기타무라 유카 그림, 윤수정 옮김, 책읽는곰)
단짝 친구와 갈등을 겪는 아이들의 마음을 섬세하게 그려낸 책입니다. 솔직하게 마음을 고백하고 친구의 마음에 귀 기울이는 것이 진정한 화해임을 알려줍니다.

2 나는 사실대로 말했을 뿐이야! (패트리샤 맥키삭 글, 지젤 포터 그림, 마음물꼬 옮김, 고래이야기)
거짓말을 절대 하지 않겠다고 결심하면서 일어나는 소동을 통해 타인과 진정으로 소통하는 의미와 방법을 배웁니다.

3 나는 하고 싶지 않아! (유수민 지음, 담푸스)
친구들이 날마다 공을 주워 오라고 하지만 더는 하기 싫은 오소리. 오소리는 친구들에게 어떻게 말해야 할까요? 거절하는 힘과 아이들이 실제로 사용할 수 있는 거절의 표현에 관해 생각하게 해줍니다.

3
감사에도
연습이 필요해요

'감사'는 언제, 어디에서, 누구에게 해야 할까요? 이 질문에 '5월에, 학교에서, 부모님이나 선생님에게만'이라고 답하면 다들 웃겠지만 사실 우리의 현실을 반영한 모습 아닌가요? 우리 대부분은 늘 곁에 있던 것들이 사라지고 나서야 내가 가지고 있던 것들의 소중함을 생각합니다. 생각지도 않게 팬데믹 시대가 왔고 늘 누리던 일상의 행복이 깨지자 사람들이 이전의 삶을 고마워하기 시작한 것처럼 말입니다. 이제 더는 소 잃고 외양간 고치듯 감사하지 않기를 바라며 집어 든 그림책이 바로 『살아 있다는 건』입니다. 별것 아닌 매 순간을 소중하게 여기도록 해주는 작품으로 〈하울의 움직이는 성〉 주제곡 작사가로도 유명한 일본의 시인 다니카와 슌타로의 시로 만든 그림책입니다. 이 책에는 시인이 매일의 삶에서 느끼는 감사함과 어린이의 눈으로 본 풍경이 함께 담겨 있습니다. 책 자체가 더할 나위 없는 감사 고백서라고 할까요? 이 멋진 그림책과 함께 마음속 '고마움'을 전하는 연습을 해보는 시간입니다.

『살아 있다는 건』
다니카와 슌타로 글, 오카모토 요시로 그림, 권남희 옮김, 비룡소

> 독서 전 활동

'고마움'을 표현했던 경험 떠올리기

학생들에게 오늘은 '감사'를 주제로 이야기 나눌 것을 미리 안내한 뒤, 고마운 사람들에게 감사를 표현했던 방법들을 떠올려 보도록 합니다. 말로 간단히 이야기 나누어도 되지만 온라인 워드 클라우드를 활용하여 학생들의 생각을 정리하면 좋습니다. 워드 클라우드는 응답이 많은 단어일수록 글자가 커지게 되어 참여자들의 경험과 생각을 시각적으로 표현해 주며, 다양한 관점을 연상할 수 있도록 자극하는 효과가 있습니다.

학생들이 고마움을 표현한 방법들은 거의 비슷합니다. 카네이션이나 편지 드리기, 집안일 돕기 등 대부분 어버이날과 같은 특별한 날에 하는 이벤트인 경우가 많습니다.

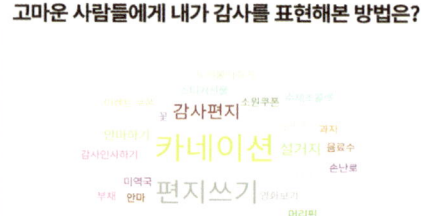

학생들이 '고마움'을 표현하는 방법들.

💬 많은 친구들이 주로 특별한 날에 고마움을 표현했네요. 그런데 감사는 특별한 일이 생겨야만 할 수 있을까요? 이 질문에 대한 대답을 이 그림책에서 찾아볼 거예요. 나를 선생님으로 있게 해준 여러분에게 고마운 마음을 담아 그림책 『살아있다는 건』을 선물로 읽어줄게요.

선생님이 나에게 고마워하며 주는 책 읽기 선물! 그림책을 읽기 전, 학생들에게 꼭 이 말을 해주세요. 누가 나에게 고마워할 때 몽글몽글해지는 마음이 들게 하는 것이 오늘 수업의 핵심이거든요.

 워드 클라우드는 띵커벨 '토의·토론'에서 제작 가능합니다. 띵커벨 라이브러리에서 '살아 있다는 건'을 검색하고 전체공개로 만들어 놓은 워드 클라우드 양식의 '수정'을 눌러 복사본을 만들어 활용하면 됩니다.

> 독서 중 활동

음악과 함께하는 그림책 읽기

『살아 있다는 건』과 같은 시 그림책을 읽어 줄 때는 따뜻한 느낌의 배경음악을 준비합니다. 음악과 함께 시를 마음으로 느끼는 시간 속에서 온전히 문학에 빠져드는 경험을 할 수 있거든요. 그래서 이 책을 읽을 때는 학생들 각자 오롯이 시를 느낄 수 있도록 중간 활동을 하지 않습니다. 선생님은 그저 조용히 책을 끝까지 낭독하며 읽습니다. 다른 여러 가지 활동들은 잠시 덜어내고, 시가 전하는 감동을 느끼면 됩니다. 천천히 책을 다 읽고 난 뒤, 조용히 아이들을 둘러보면서 이렇게 말해줍니다.

> 바로 이 자리에 우리가 이렇게 서로 살아 있음에, 이곳에 함께할 수 있음에 참 감사한 하루입니다.

시와 음악이 주는 힘일까요? 평소에는 천방지축 말썽꾸러기 같던 학생들의 눈빛에 촉촉한 감성이 엿보입니다. 이를 바탕으로 다음과 같은 독후 활동을 전개합니다.

배경음악은 가사가 없는 피아노 연주곡이 좋습니다. 유튜브에서 '따뜻한 피아노'라고 검색하면 여러 연주곡을 쉽게 찾을 수 있습니다.

독서 후 활동

내가 놓쳤던 감사의 순간 찾기

책을 다 읽은 후에는 학생들과 그림책의 첫 장면을 되짚어 봅니다. 이 그림책은 어린아이가 죽은 매미를 바라보는 장면에서부터 시작됩니다. 작은 매미의 죽음은 그동안 생각해 보지 않았던 '살아 있기 때문에' 할 수 있는 일상의 모든 일을 새롭게 바라보는 계기가 되지요.

우리도 살아 있기 때문에 할 수 있는 것, 볼 수 있는 것, 느낄 수 있는 것, 다시 말해 우리에게 감사함을 일깨워 주는 것들을 직접 찾으러 나섭니다. 교실, 운동장, 복도 등 학교의 구석구석을 함께 돌아다니면서 각자 찾아 낸 감사의 순간을 사진 찍습니다. 학생들은 교실을 벗어나 수업하는 것만으로도 행복해하는 것 같습니다. 충분히 시간을 준 뒤, 교실로 돌아와 각자 찍은 사진을 공유합니다. 띵커벨 보드에 사진을 올리고 그림책 문장처럼 '살아 있다는 건 ~ 할 수 있다는 거야.'라고 적어보게 합니다.

학생들이 찾은 '감사의 순간'.

- 살아 있다는 건, 지금 이렇게 패드로 사진 찍고 적을 수 있다는 거야.
- 살아 있다는 건, 힘들게 헉헉 계단을 올라갈 수 있다는 거야.
- 살아 있다는 건, 봄에 피는 예쁜 꽃을 볼 수 있다는 거야.
- 살아 있다는 건, 학교가 어떻게 생겼는지 볼 수 있다는 거야. 잘 생겼다!
- 살아 있다는 건, 물건을 잃어버릴 수 있다는 거야. 또다시 찾아 기뻐할 수도 있다는 거지!

학생들이 찾은 일상 속 감사의 순간은 정말 다양했습니다. 생각지도 못한 사물과 대상에서 삶의 의미를 찾아내고 감사해했습니다. 그냥 교실에 앉아 머리로 생각해 글로 쓰게 할 때와는 전혀 다른 발견을 해낸 것입니다. 학생들은 땡커벨 보드에 게시된 친구들의 사진과 문구를 서로 살펴보며 "살아 있어서 감사한 일들이 참 많네요."라고 말하기도 했습니다. 교사인 저 역시 살아 있어 감사함을 느끼는 순간이었지요.

💬 생각하지 못한 '감사한 순간'들이 참 많지요? 그리고 우리가 평소에 신경 쓰지 않지만 항상 고마운 사람들이 있어요. 바로 여러분 옆에 있는 친구들입니다. 짝꿍과 마주 보고 눈을 마주쳐 볼까요?

짝과 눈을 마주치는 것을 학생들은 참 어색해합니다. 특히 짝이 이성이라면 더더욱 그렇지요. 몇몇 학생들은 "못 하겠어요!"라며 장난 섞인 투정을 하기도 합니다. 조용한 음악을 틀고, 잠시 시간을 주고 기다려 주세요. 그러다 보면 점점 분위기가 잡히고 하나둘 짝과 눈을 마주칩니다.

💬 모두 어색하지만 짝과 눈을 마주쳤네요. 고맙습니다. 이

제 친구에게 이렇게 말해주세요. "친구야." (학생: 친구야.) "내 눈을 바라봐줘서 고마워." (학생: 내 눈을 바라봐줘서 고마워.) "나에게 고맙다고 말해줘서 고마워." (학생: 나에게 고맙다고 말해줘서 고마워) "우리 항상" (학생: 우리 항상) "서로에게 고마워하며 지내자." (학생: 서로에게 고마워하며 지내자)

활동 내내 교실 곳곳에서 웃음이 큭큭 터집니다. 오글거린다며 몸을 긁는 친구도 있습니다. 하지만 표정만큼은 여느 때보다 밝습니다. 누군가에게 마음을 표현하는 것은 이처럼 용기와 연습이 필요합니다. 학생들이 이 경험을 소중히 간직하고 살아 있다는 것에, 또 친구들과 함께한다는 것에 감사한 마음을 느낄 수 있게 해주세요.

'고마워요 프로젝트'

이제 고마움의 대상을 확장해 볼 차례입니다. 일주일 동안 일상 속에서 소소한 감사를 나누고 싶은 사람들에게 감사 표현을 해봅니다. 그리고 상대방이 내 이야기를 듣고 해준 말들을 띵커벨 보드에 올려서 감사 대화를 공유합니다. 대답이 내 예상과 다르더라도 꾸준히, 계속하게 합니다. 이러한 과정에서 오간 대화들을 함께 살펴보는 것도 참 의미가 있습니다.

내가 한 감사 표현	내가 받은 대답
"오늘 밥이 맛있어요. 감사해요."	"진짜? 우리 딸, 감동인걸!"
"게임할 수 있게 열심히 돈 벌어와 주셔서 감사합니다."	"게임 말고 공부하면 더 좋겠네? 그래도 고마워 아들ㅋㅋㅋ"
"오늘 지우개 빌려줘서 고마워!"	"나도 담에 안 가져온 거 있음 빌려줘 ^0^"
"할머니 보고 싶어요!"	"아이구 이쁜 내 새끼. 할머니도 보고 싶어."
"오늘 학교에서 가장 존경하는 사람에 대해 이야기하는 시간에 엄마 이야기를 했어요. 존경하고 사랑해요♥"	"고맙다, 존경할 만한 게 없는 부족한 엄마인데 고맙구나. 사랑한다."

일상에서 감사함을 찾고 이를 표현하는 것은 결코 쉬운 일이 아닙니다. 하지만 학생들은 꾸준히, 그리고 성실히 주변의 소중한 사람들에게 고마움을 표현했습니다. 결과는 놀라웠습니다. 어느새 서로에게 고맙다고 하는 말들이 익숙해졌고 감사 표현을 주고받을 때의 어색했던 표정도 한결 자연스러워졌거든요. 우리의 삶 속에 생각보다 고마운 일들이 많다는 것을 깨달으며 예전보다 따뜻한 관계를 만들어 갔습니다.

일주일 뒤, 고마움을 표현했던 사람들에게 '고마워요 프로젝트'의 취지를 알린 뒤 소감을 받아오도록 했습니다. 대부분 학부모의 후기였는데 굉장히 감동적이었습니다.

'고마워요 프로젝트' 학부모 소감

- OO이가 가끔 기분 좋은 말을 하는데 지난주에는 더 많이 해주어 으쓱함과 뿌듯함을 많이 느꼈습니다. 알고 봤더니 '고마워요 프로젝트'가 있었네요. 가족 간에 훈훈함을 느끼게 하는 좋은 프로젝트였습니다.
- 항상 맛나게 먹어주고 음식 맛 칭찬을 많이 하는 아들이라 참 고맙고 기뻐요.
- 갑작스럽긴 했지만 이렇게 감사 편지를 받으니 무척 기뻤다. 엄마는 네가 말 하나하나에 이런 생각을 하고 있는지 몰랐구나. 칭찬과 대화의 필요성을 많이 느꼈어. 엄마의 말투도 바뀌어야 할 것 같네. 건강하고 예쁘게 커가는 모습이 너무 자랑스럽고, 너로 인해 매일이 행복하단다. 우리 더욱더 사랑하며 건강하고 행복하게 지내자.
- 앞으로 OO이의 이야기에 더 귀 기울이고, 많이 안아줘야겠다는 생각을 했어요. 아이의 행동에 오랜만에 진한 감동을 느꼈습니다. '고마워요 프로젝트' 덕분에 '엄마'라는 단어를 돌아볼 수 있게 되어 감사합니다.
- 저희 OO이가 이런 걸 하는 줄 몰랐네요. 오늘 너무 미안하고 고마웠습니다. 항상 바쁘다고 아이의 말을 제대로 들어주지도 못했는데 더 많은 대화를 해야 되겠다는 생각이 드네요. 사랑하는 아들, 미안하고 항상 사랑해.

▶▶▶▶▶

선생님, 친구, 가족, 따뜻한 그림책, 즐거운 놀이… 우리 곁에는 소중하고 고마운 존재가 참 많습니다. 『살아 있다는 건』으로 알아차린 이 고마운 마음을 1년 내내 표현하도록 독려해 주세요. 감사라는 것이 특별한 날에 하는 특별한 이벤트가 아니라 일상에 자리 잡은 소중한 의사소통임을 함께 배우며 서로가 서로에게 고마운 1년을 보낸다면 모든 학급이 한 단계 더 아름답게 성장하게 될 것입니다.

• 그림책 더 보기

1 두꺼비 아줌마 (맛토 가즈코 지음, 황진희 옮김, 킨더랜드)
심술쟁이 두꺼비 아줌마가 개구리들과 마법 같은 시간을 보내며 조금씩 변해갑니다. 고맙다는 말이 가진 힘을 알게 해주는 귀여운 이야기 그림책입니다.

2 고마움이 곧 도착합니다 (엘렌 서리 지음, 김영선 옮김, 위즈덤하우스)
부제 '고마운 마음을 전하는 130가지 방법'이 호기심을 불러일으킵니다. 감사함을 표현할 다양한 아이디어를 얻을 수 있는 책입니다.

3 감사하면 할수록 (이해인 글, 신진호 그림, 현북스)
이해인 수녀의 수필 그림책. 감사하면 할수록 감사가 넘쳐나며 하루를 살아가 는 힘이 생김을 깨닫게 해줍니다.

4
매일매일 칭찬 샤워

언젠가 우리 반 남학생에게 '연기를 잘한다.'라고 칭찬해 준 적이 있습니다. 그때부터 그 학생이 제가 해준 칭찬을 여러 번 언급하더군요. 역할극 시간에 "선생님, 제가 연기를 잘하긴 하죠?"라며 우쭐대기도 하고, 교과서 지문 속 인물의 대사를 읽어 보겠다며 제일 먼저 손을 들기도 했습니다. 발표하는 횟수도 점점 늘었습니다. 평소에 수업 태도가 그리 좋지 않았던 학생이라 그 변화가 더욱 눈에 띄었습니다.

이 학생을 보면서 떠오른 그림책이 바로 존 버닝햄의 『에드와르도: 세상에서 가장 못된 아이』입니다. 존 버닝햄의 대표작 중 하나로 오랜 시간 폭넓은 사랑을 받아온 이 작품은 칭찬이 사람의 인생을 어떻게 바꾸는지 잘 보여주고 있습니다. 에드와르도를 '세상에서 가장 못된 아이'에서 '세상에서 가장 사랑스러운 아이'로 바꾼 칭찬의 힘! 학년 초, 칭찬이 불러오는 커다란 변화를 학생들과 느껴 보기에 좋은 그림책입니다.

『에드와르도: 세상에서 가장 못된 아이』

존 버닝햄 지음, 조세현 옮김, 비룡소

> 독서 전 활동

세상에서 가장 (　　　) 아이

제목을 맞혀보는 재미가 있는 그림책입니다. '에드와르도, 세상에서 가장 (　　　) 아이'라고 학생들에게 보여주고 괄호 안에 들어갈 말이 무엇인지 예상해 보게 합니다. 표지에는 에드와르도가 프라이팬을 들고 있어서 그런지 '요리 잘하는 아이'라는 대답은 빠지지 않고 나옵니다. 그 외에도 '웃긴 아이' '재밌는 아이' '입 잘 벌리는 아이' '더러운 아이' 등 다양한 대답이 나오지요. 아이들의 상상력을 충분히 자극하면서 재밌는 제목을 찾아봅니다. 어느 정도 대답이 나왔으면 제목을 공개합니다. '못된 아이'라는 글자가 학생들의 시선을 잡아끕니다.

이어서 제목과 표지를 바탕으로 그림책 내용을 추측해 봅니다. 학생들에게 다음과 같은 두 가지 질문을 주고 포스트잇에 자기 의견을 자유롭게 써서 붙이도록 합니다.

- 누가 에드와르도를 세상에서 가장 못된 아이라고 불렀을까?
- 에드와르도는 어떤 행동을 했기에 세상에서 가장 못된 아이가 되었을까?

그림책 내용을 예상해 보는 활동은 정해진 정답이 없기 때문에 아이들의 대답을 충분히 수용해 줍니다. 다만, 너무 황당하거나 상식 밖의 이야기는 하지 않도록 미리 안내하는 것이 좋습니다. 다음은 위 질문에 대한 학생들의 대답입니다.

- 선생님이 못된 아이라고 불렀을 것 같다. 매번 교실에서 시끄럽게 장난을 치고 친구들을 괴롭혀서 그랬을 것이다.
- 부모님이 못된 아이라고 불렀을 것이다. 말도 안 듣고 동생하고도 싸워서 세상에서 가장 못된 아이가 됐을 것이다.
- 에드와르도의 친구들이 못된 아이라고 말한 것 같다. 친구들을 따돌리고, 자기 생각만 하고, 엄청 괴롭혔다.

각양각색의 대답이 쏟아집니다. 학생들의 성향에 따라 '못된 행동'을 바라보는 기준이 다르다는 것도 알게 되지요. 이렇게 질문의 답을 나름대로 생각해 보고 나누는 과정에서 학생들은 그림책에 좀 더 흥미를 갖게 됩니다. 이제 학생들의 예상이 맞는지 확인할 차례입니다. 본격적으로 그림책을 함께 읽습니다.

> 독서 중 활동

부분에서 전체로 읽기

책장을 넘기면 주인공 에드와르도가 빙그레 웃는 얼굴로 서 있습니다. '에드와르도는 흔히 볼 수 있는 보통 꼬마야.'라는 말과 함께요. 그다음 장부터는 에드와르도의 장난이 나오는 왼쪽 페이지만 먼저 보여주고 생각을 나누는 시간을 갖습니다.

❶ 부분 읽기

왼쪽 페이지에서 보이는 에드와르도는 가끔 물건을 발로 걷어차고, 시끄럽게 떠들고, 방 정리를 잘 못 하는 말썽꾸러기 아이입니다. 에드와르도의 장난이 나올 때마다 학생들은 "저건 좀 심하다"라고 반응하기도 하고, "나도 저러는데?" 하고 공감하기도 합니다.

에드와르도의 장난을 충분히 보여준 뒤 그림책 읽는 것을 잠시 멈추고 에드와르도는 어떤 아이인 것 같은지 물어보았습니다. 학생들은 '장난꾸러기다', '산만한 아이다', '옆에 있으면 피곤할 것 같다', '좀 장난을 심하게 치는 것 같기는 하다', '시끄럽게 떠드는 건 우리랑 비슷하다' 등 각자의 생각과 경험에 비추어 다양하게 평가했습니다.

💬 에드와르도에 대한 생각이 조금씩 다르네요? 그럼 한 가지만 더 물어볼게요. 그림책 제목처럼 에드와르도가 세상에서 가장 못된 아이라고 생각하는 사람이 있나요?

결과는 놀라웠습니다. 앞서 박한 평가를 한 친구들조차 에드와르도를 '세상에서 가장 못된 아이'라고 말하지는 않았습니다. 그 이유는 모두 같았습니다. 말썽이 심할 때도 있지만 세상에서 제일 못된 아이라고 말하기엔 그 나이 또래에서 흔히 저지르는 실수를 하는 정도에 불과하다는 것이었지요. 이로써 에드와르도에 대한 평가가 어느 정도 수준인지 확인할 수 있었습니다.

❷ 전체 읽기

다시 처음으로 돌아가, 이번엔 오른쪽 페이지도 함께 읽습니다. 에드와르도를 대하는 그림책 속 어른들은 학생들의 예상보다 훨씬 공격적입니다. 어른들의 타박과 질책이 심해질수록 에드와르도는 점점 더 사나워지죠. 결국 어른들은 모두 함께 에드와르도를 "세상에서 제일가는 말썽쟁이"라고 낙인찍기에 이릅니다.

> 여러분이 만약 에드와르도라면 어떤 기분이 들었을 것 같나요?
> - 짜증이 나서 더 말썽을 부릴 것 같아요. 마음대로 하라는 심정으로요.
> - 어른들이 하는 말은 다 기분 나쁘게 들려서 반항할 것 같아요.
> - '모두 나를 비난하니 나는 세상에서 제일 쓸모없는 사람이야.'라는 생각이 들 거예요.

학생들의 대답처럼 이야기가 어느 정도 전개되면 그림책 속 에드와르도의 모습도 한껏 움츠러들고 작아져 있습니다. 이 장면을 통해 우리는 공격적인 지적은 부정적인 효과만 있음을 확인할 수 있지요. 놀라운 반전은 그다음 장부터 일어납니다. 어느 날, 우연한 계기로 그를 바라보는 주변의 시선이 바뀌기 시작하거든요. 꾸준히 이어진 어른들의 칭찬과 격려, 관심 속에서 에드와르도는 말썽을 줄이고 보다 성숙한 모습으로 자라납니다.

마지막 문장 찾기

그림책의 마지막 장면에서 에드와르도는 어른들의 품에 안겨 함께 웃고 있습니다. 이때, 글은 보여주지 않고 삽화만 먼저 보여 줍니다. 그리고 어른들이 에드와르도에게 어떤 말을 했을지 온라인 도구인 '롤링페이퍼'를 활용해 마지막 문장을 예상해 써 보게 합니다. 교실 환경에 따라 포스트잇이나 육각 씽킹보드를 사용해도 좋습니다. 문장 찾기 시간은 1~2분 정도로 짧게 줍니다. 한 문장으로 자신의 생각을 함축적으로 표현하기에 적당한 시간입니다. 짧은 배경음악을 미리 선정하고, 음악이 끝날 때까지만 활동한다고 미리 안내하면 보다 정돈된 수업 분위기를 만들 수 있습니다. 모든 학생이 문장 찾기를 끝내면 롤링페이퍼에 쓰인 말들을 차례차례 읽습니다. 에드와르도의 환한 표정만큼이나 하나같이 따뜻한 칭찬과 격려의 말들이 이어집니다.

- 에드와르도, 너는 세상에서 가장 좋은 아이야.
- 에드와르도, 너는 세상에서 가장 재능 많은 아이야.
- 에드와르도, 너는 마음이 따뜻한 아이야.
- 에드와르도, 너는 점점 더 좋아지는 아이야. 앞으로도 쭉 그럴 거야.

학생들이 찾은 '마지막 문장'.

💬 처음 에드와르도가 들었던 말들과 완전히 다른 이야기네요. 에드와르도가 만약 이 말을 듣는다면 어떤 감정이 들 것 같나요?

- '더 잘해야겠다'라고 다짐할 것 같아요.
- 자존감이 팍팍 올라가고 좀 더 멋지게 행동하려고 노력할 것 같아요.

에드와르도의 감정 변화를 생각해 보는 과정에서 학생들은 사람을 성장시키는 원동력이 질책이나 비판이 아니라 작은 칭찬이라는 것을 깨닫게 됩니다. "마지막 문장은 선생님이 여러분들에게 하고 싶은 말이기도 해요."라는 말과 함께 그림책의 마지막 문장을 읽어 주세요.

"에드와르도, 너는 세상에서 가장 사랑스러운 아이야."

> 독서 후 활동

'칭찬의 힘' 포토스탠딩

그림책을 다 읽고 난 뒤, '칭찬'이 가진 힘에 대해서 좀 더 이야기를 나눕니다. 먼저 각자 칭찬받았던 상황을 구체적으로 떠올려 보게 합니다.

💬 자, 눈을 감고 칭찬을 받은 기억을 머릿속으로 떠올려 보세요. 어떤 상황에서 칭찬을 들었나요? 칭찬을 들을 때, 여러분의 표정은 어떤가요? 칭찬을 들을 때, 여러분의 느낌은 어떤가요? 칭찬을 들을 때, 분위기는 어떤가요?

경험 나누기 활동에서는 당시의 상황, 표정, 감정 등을 천천히 떠올려 보는 시간을 주는 것이 매우 중요합니다. 심상화 작업을 통해 학생들은 자신의 경험을 보다 구체적으로 표현할 수 있습니다. 경험을 떠올린 뒤 모둠원끼리 이야기를 나누고, 몇몇 사례를 전체와 함께 나눕니다.

- 어느 날 일어나서 침대 정리를 했는데 엄마가 "스스로 이불도 정리도 하고 다 컸네. 자랑스럽다, 우리 아들." 하고 꼭 안아 주셨어요. 그 뒤로는 아침에 침대 정리하는 것이 습관이 됐어요.
- 2학년 미술 시간에 선생님이 제 그림을 친구들에게 보여주시면서 "OO처럼 색깔을 알록달록하게 칠하면 참 예쁠 것 같죠?"라고 이야기해 주셨는데 되게 으쓱했어요. 선생님도 좋아지고, 미술 시간에 자신감도 더 생겼어요.

이렇게 각자 떠올린 경험을 토대로 '칭찬이 가진 힘'을 포토스탠딩으로 정리합니다. 포토스탠딩은 자신의 의견을 이미지와 연결하여 개진하는 발표 방식입니다. 저는 온라인 도구인 '패들렛'을 활용해 다음과 같은 순서로 진행했습니다.

① 칭찬의 힘을 생각해 보고 '칭찬은 OO다. 왜냐하면~' 라는 문장을 만듭니다.
② 패들렛의 '이미지 검색' 기능을 활용해 필요한 이미지를 찾아

올립니다. 예를 들어, '칭찬이란 사탕이다'라고 썼다면 사탕 이미지를 검색해서 올립니다.

③ 제목에 이름을 쓰고, 내용에 왜 그렇게 생각했는지 자신의 의견을 정리해서 게시합니다.

패들렛을 활용하지 않는 경우에는 이미지 카드와 포스트잇을 활용합니다. 모둠별로 충분한 개수의 이미지 카드를 제공하는 것이 좋지만, 카드가 부족한 경우에는 한 장씩 무작위로 뽑고 강제결합법을 활용해 칭찬의 힘을 정의하게 합니다.

학생들이 생각한 '칭찬의 힘'.

학생들이 쓴 칭찬의 힘에는 약속이나 한 듯 똑같은 공통점이 눈에 띕니다. 바로 칭찬을 들었을 때 긍정적 감정을 느끼고, 그 행동을 자연스럽게 반복하게 된다는 것이지요. 에드와르도를 '세상에서 가장 사랑스러운 아이'로 변화시킨 그 힘을 학생들도 똑같이 느끼는 것입니다.

서로서로 칭찬 샤워

칭찬의 힘을 확인한 다음에는 학급 친구들끼리 칭찬을 나누는 경험도 해야겠지요? 활동 두 가지를 소개합니다.

❶ 가위바위보 칭찬 샤워

친구들끼리 가위바위보를 하며 자연스럽게 칭찬을 주고받는 간단한 놀이입니다. 활동 방법은 간단합니다.

① 각자 포스트잇 세 장을 받습니다. 자신이 듣고 싶은 칭찬 세 가지를 떠올려서 포스트잇에 하나씩 적습니다.
② 자리에서 일어나서 교실을 돌아다니며 친구를 만납니다.
③ 친구와 가위바위보를 합니다. 이긴 사람은 진 사람에게 자신의 포스트잇 세 장을 뒷면이 보이도록 보여줍니다.
④ 진 사람은 세 장 중 한 장을 뽑아 포스트잇에 쓰여 있는 칭찬의 말을 해줍니다. 이때, 눈을 마주치고 최대한 진심을 담아 말하기로 약속합니다.

⑤ 이긴 사람은 자신을 칭찬해 준 친구에게 "고마워"라고 인사하고 헤어집니다.
⑥ 제한 시간 동안 서로 칭찬을 주고받습니다.

가위바위보 칭찬 샤워가 끝나면 어떤 칭찬을 가장 많이 들었는지, 칭찬을 주고받을 때 어떤 기분이 들었는지 등으로 소감 나누기를 합니다. 규칙은 간단하지만 이 활동을 통해 선생님은 학생들이 어떤 칭찬을 듣고 싶어 하는지 파악할 수 있고, 학생들은 원하는 칭찬을 실컷 들을 수 있답니다. 아침이나 창체 시간을 활용해서 여러 번 반복해도 좋습니다.

❷ 생일파티 칭찬 샤워

생일파티 칭찬 샤워는 생일을 맞은 학급 아이들에게 칭찬 선물을 듬뿍 주는 활동입니다. 교실 앞쪽에 의자를 두고 생일인 친구가 앉습니다. 다른 학생들은 친구의 얼굴을 보고 칭찬의 말을 씁니다. 앞서 소개한 '롤링페이퍼' 사이트나 포스트잇을 활용합니다. 칭찬할 때는 평소에 친구를 관찰한 내용을 바탕으로 구체적으로 쓰게 합니다. 그동안 칭찬 샤워를 받는 학생은 자신이 받고 싶은 칭찬을 미리 생각해 둡니다.

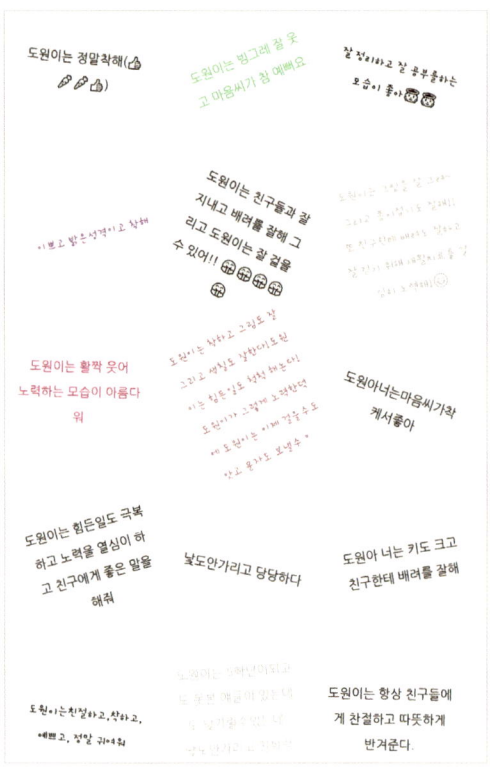

학생들이 주고받은 칭찬 샤워.

- 빙그레 잘 웃고 마음씨가 참 예뻐요.
- 친구들과 잘 지내고 배려를 잘해.
- 그림을 잘 그리고 종이접기도 잘해!
- 힘든 일도 극복하고 노력을 열심히 하고 친구에게 좋은 말을 해줘.
- 항상 친구들을 친절하고 따뜻하게 반겨 준다.

> 아침 시간을 활용하여 여유롭게 칭찬을 주고받도록 합니다. 시작부터 마무리까지 10분 정도가 소요됩니다. 학급 인원이 많은 경우에는 일주일에 한 번 정도 그 주에 생일을 맞은 학생들이 한꺼번에 칭찬 샤워를 받도록 융통성 있게 운영합니다.

이제 칭찬 샤워의 주인공이 친구들의 칭찬을 확인할 차례입니다. 이때 바로 확인하는 것보다 어떤 칭찬일지 한번 추측해 보게 하는 것이 재미있습니다. 추측이 빗나갈 때마다 쑥스러워하는 모습도 귀엽지만 무엇보다 학생이 평소에 받고 싶어 하던 칭찬이 무엇인지 알 수 있습니다. 추측하기 어려워할 때 다른 학생들이 힌트를 주게 하면 분위기가 살아납니다. 칭찬의 주인공은 칭찬을 다 확인한 후 '가장 고맙거나 마음에 드는 칭찬'과 '가장 새로운 칭찬'을 고릅니다. 가장 고마운 칭찬은 자신이 노력한 것과 관련이 있는 칭찬이고, 가장 새로운 칭찬은 재미있거나 예상하지 못한 칭찬입니다. 친구가 칭찬을 고를 때 제발 자신의 칭찬을 골라 달라며 안달하는 학생들의 모습도 퍽 재밌습니다. 평소에 덜 친했던 친구들도 은근히 기대하는 눈빛입니다. 칭찬을 고른 뒤에는 이유와 소감을 말하도록 합니다.

"이런 칭찬을 들을 줄 몰랐는데 신기해요. 제가 이렇게 잘하고 있었어요? 고마워, 얘들아."

이렇게 생일날 아침부터 친구들에게 칭찬을 듬뿍 받은 학생은 온종일 싱글벙글한 표정으로 학교생활을 합니다. 함께 칭찬하고 격려한 시간이 주는 놀라운 선물이지요.

▶▶▶▶▶▶

사실 『에드와르도: 세상에서 가장 못된 아이』는 학생들보다 선생님들이 더 마음에 담아야 하는 그림책이라고 생각합니다. 학생들끼리 칭찬하라고 강요하기 전에 선생님이 먼저 학생들을 충분히 칭찬해 주세요. 그러다 보면 자연스럽게 친구의 나쁜 점보다 좋은 점을 찾아 말해 주는 학생들의 모습을 발견할 수 있답니다. 자기 자신을 존중하고 사랑하는 만큼, 다른 사람을 인정하고 존중하는 사랑스러운 학생을요.

- 그림책 더 보기

1 잘하는 게 서로 달라 (일로나 라머르팅크 글, 루시 조지아르 그림, 정신재 옮김, 좋은꿈)
누구나 잘하는 것을 하나씩 가지고 태어난다는 내용을 담은 그림책. "나는 하고 싶어. 나도 잘할 수 있어!"라고 스스로 칭찬하다 보면 자신의 재능을 발견할 수 있습니다.

2 오늘은 칭찬받고 싶은 날! (제니퍼 K. 만 지음, 양병현 옮김, 라임)

주인공 로즈는 선생님께 칭찬받고 싶어서 온종일 바쁩니다. 하지만 오늘따라 실수를 많이 합니다. 선생님은 이런 로즈의 마음을 알고 있을까요? 학교라는 공간과 칭찬을 해주는 선생님의 소중함을 느끼게 하는 그림책입니다.

3 내가 할게요! (구스노키 시게노리 글, 노시 사야카 그림, 김정화 옮김, 미래엔 아이세움)

처음으로 할머니 대신 집안일을 하게 된 주인공. 하지만 잦은 실수에 결국 눈물을 쏟게 됩니다. 그때 들려온 아빠의 칭찬과 격려! 주인공은 할머니를 위한 저녁 식사를 끝까지 만들 수 있을까요?

5
우리 반
고민상담소

우리는 저녁 메뉴를 고르는 것처럼 아주 사소한 선택부터 밤새도록 뒤척여도 결론이 나지 않는 커다란 생각까지 수도 없이 많은 고민과 함께 살아갑니다. 그림책 『내 말 좀 들어주세요, 제발』에서는 자신이 갖고 있는 고민을 마을 사람들에게 털어놓고 싶어 하는 곰이 주인공으로 등장합니다. 하지만 마을 사람들은 곰의 이야기를 들어주기도 전에 그럴듯한 해결책을 내놓고 뿌듯해합니다. 결국 자신의 고민은 한 글자도 이야기하지 못한 곰. 곰은 고민을 해결할 수 있을까요?

그림책에 나오는 마을 사람들처럼 교실에는 다른 사람의 말을 들어주는 일에 서툰 학생들이 많이 있습니다. 그래서 이번 시간에는 『내 말 좀 들어주세요, 제발』을 함께 읽으며 서로의 고민에 귀 기울이는 것이 얼마나 중요한지 그리고 진지하게 조언하는 방법에 대해 배워보려 합니다.

『내 말 좀 들어주세요, 제발』
하인츠 야니쉬 글, 질케 레플러 그림, 김라합 옮김, 상상스쿨

> 독서 전 활동

주인공은 누구?

『내 말 좀 들어주세요, 제발』의 주인공은 '곰'입니다. 그런데 제목만 봐서는 동물이 주인공이라고 생각하기 쉽지 않습니다. 수업 분위기도 띄우고 그림책에 대한 흥미도 높일 겸 쉽고 간단한 퀴즈로 독서 전 활동을 진행합니다. 동물이 주인공인 그림책 중 몇 가지를 골라 표지의 제목 부분만 보고 어떤 동물인지 맞혀 보는 활동입니다. 『줄줄이 호떡』(두더쥐) 『그레이엄의 빵 심부름』(여우) 『이쪽이야, 찰리』(말과 염소) 『이건 내 모자가 아니야』(물고기) 등 동물이 주인공인 책들을 고르면 됩니다. 퀴즈의 마지막 그림책은 오늘 함께 읽을 『내 말 좀 들어주세요, 제발』입니다.

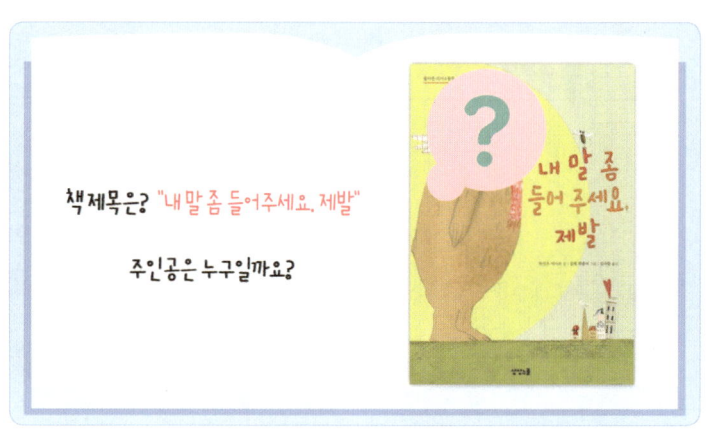

주인공 맞히기 PPT 화면.

『내 말 좀 들어주세요, 제발』의 주인공이 누구인지 밝혀지면 제목과 연계해 어떤 내용이 펼쳐질 것 같은지도 예상해 봅니다. 학생들의 대답을 자유롭게 듣고 난 뒤, 함께 그림책을 읽습니다.

독서 중 활동

곰의 고민을 찾아라!

"저에게 문제가 조금 있어요. 그게 뭐냐면…."

그림책을 펼치니 커다란 곰 한 마리가 마을 상점에 들어가 자신에게 문제가 있다고 말합니다. 그러나 사람들은 곰의 문제는 들어보지도 않고 멋대로 해결책을 제시하지요. 곰은 상점 주인들이 건네는 물건만 받아 들 뿐, 정작 필요한 조언은 제대로 얻지 못합니다.

> 반복되는 장면과 글밥이 많은 책이라 학생들이 다소 지루해할 수도 있습니다. 책을 읽을 때, 평소 역할극에 두각을 나타냈던 학생들을 미리 선정해 상점 주인 역할을 시켜 실감 나게 읽게 하거나 선생님이 삽화를 중심으로 상황을 요약하면서 간단히 넘어가도 좋습니다.

비슷한 상황이 계속 이어지다 보면 학생들의 표정에는 '도대체 고민이 뭔데 저러지?' 하는 답답함과 안타까움이 나타나기 시작합니다. 이때 잠시 그림책을 덮고 곰의 고민이 무엇일지 상상해 보는 시간을 가집니다. 온라인 도구인 패들렛을 활용하면 아이들의 생각을 실시간으로 볼 수 있다는 장점이 있습니다. 포스트잇 또는 육각 씽킹보드를 사용해도 됩니다. 곰의 고민을 다 적으면 짝이나 모둠원끼리 먼저 이야기를 나눕니다. 이렇게 하면 모든 학생이 고루 말하고 고루 들을 기회를 갖게 됩니다. 짝 발표와 모둠 발표가 끝난 후에 그중에서 재밌거나 기발한 내용을 쓴 친구들이 전체 발표를 하도록 하면 수업의 집중도가 훨씬 높아집니다. 그림책 수업의 핵심은 '상상'과 '대화'이기 때문에 대화가 사라지지 않도록 신경을 써 주세요. 우리 반 학생들이 예상한 곰의 고민은 다음과 같았습니다.

- 친구가 없는 게 고민이다. 이야기 나누고 싶은데 다들 상대를 안 한다.
- 그림 때문에 그런 것 같다. 계속 그림을 들고 다니고 있다.
- 겨울이라 먹이가 없어서 그런 것 같다. 먹을 게 필요한데 이상한 물건들만 줬다.
- 곰은 길을 잃은 것 같다. 집으로 가는 방향을 몰라서 묻고 있는데 대답을 안 해준다.

곰의 고민을 정확히 맞힌 아이들은 없었지만 다양하고 재미있는 의견들이 나왔습니다. 곰의 습성을 통해 유추하거나 곰과 사람을 동일시한 고민도 있고, 그림을 자세히 관찰해서 상상한 고민도 있었습니다. 정답을 맞히는 것이 중요한 활동이 아니므로 여러 가지 상상들을 충분히 수용해 주고, 독려해 주면 좋습니다. "여러분의 추측이 맞았는지 살펴봅시다."라고 안내하며 그림책의 결말 부분을 함께 읽습니다.

> 독서 후 활동

'양 끝 빙고'

　책을 다 읽은 후에는 내용을 되새기며 생각을 나누는 활동을 합니다. 먼저 등장인물과 해결책을 정리하는 '양 끝 빙고' 활동입니다. 게임 방법은 다음과 같습니다.

① A4 종이를 한 장씩 나눠주고 반으로 자른 뒤 여덟 칸으로 나누게 합니다.
② 먼저 등장인물을 확인합니다. 그림책에서 곰에게 조언했던 등장인물들을 떠올려 말해보게 합니다. 그림책 내용을 처음부터 복기하면서 등장인물을 생각해 봅니다. 어려워하는 아이들이 있다면 본문 그림을 다시 참고해도 좋습니다. (곰, 발명가, 재단사, 모자가게 주인, 의사, 노점상, 안경점 주인, 가게 여자, 신발가게 주인, 파리)
③ 선생님은 학생들이 말한 등장인물들을 칠판에 정리합니다.
④ 학생들은 각자 10명의 등장인물 중 8명을 골라 한 칸에 한 명씩 적습니다.

예시

곰	안경점 주인	의사	발명가	노점상	재단사	모자가게 주인	파리

⑤ 학생들이 돌아가며 등장인물을 한 명씩 부릅니다. 이때, 양쪽 끝에 적혀 있는 인물만 부를 수 있습니다. 위 표를 예로 들자면 '곰' 또는 '파리'를 부를 수 있습니다.
⑥ 친구가 부른 등장인물이 내 종이의 양쪽 끝에 있다면 등장인물이 적힌 칸을 찢어서 책상에 내려놓습니다. 예를 들어, 친구가 '곰'이라고 했는데, 내 빙고판 양 끝 중 하나에 곰을 썼다면 그 칸을 찢어서 책상에 놓으면 됩니다.
⑦ 위와 같은 방식으로 가장 먼저 모든 칸을 찢은 학생이 승리합니다.

이번에는 등장인물들이 곰에게 제시한 해결책들을 양 끝 빙고로 정리합니다.

예시

| 날개 | 목도리 | 모자 | 알약 상자 | 목걸이 | 재단사 | 꿀단지 | 함께 있기 |

등장인물을 먼저 확인했기 때문에 그들이 곰에게 무엇을 주었는지 떠올리는 것은 생각보다 수월합니다. 이렇게 놀이를 통해 등장인물과 각각의 해결책들을 정리하면서 학생들은 자연스럽게 그림책 내용을 이해하고 복습하게 됩니다.

나는 이렇게 생각해요

함께 정리한 내용을 바탕으로 이제 그림책에 대한 학생들의 생각을 들어볼 차례입니다. 결말을 보고 어떤 생각이 들었는지 먼저 포스트잇에 적어보게 합니다. 생각을 바로 말로 풀어내기보다 먼저 글로 정리해 보는 것이 좋습니다. 그래야 학습 수준에 관계없이 더 많은 학생이 수업에 참여할 수 있기 때문입니다. 각자 적은 생각들은 일차적으로 짝과 나눈 다음 칠판에 붙입니다.

- 곰이 그동안 얼마나 외로웠을지 공감이 간다. 파리와 곰이 친구가 되어서 다행이다.
- 곰의 말을 무시하고 제멋대로 해결책을 제시한 사람들이 너무 기분 나빴다.
- 곰의 고민을 들어주면서 위로해 주고 싶었다.
- 곰이 불쌍했다. 하지만 마을 사람들의 마음씨도 결코 나쁜 건 아니라고 생각한다.

학생들이 쓴 의견은 대부분 비슷했습니다. 곰의 처지가 딱했고, 곰의 말을 무시했던 마을 사람들의 태도를 나무랐습니다. 그런데 그중에서 눈에 띄는 의견이 하나 있었습니다. '마을 사람들의 마음씨도 결코 나쁜 건 아니다.'라는 의견이었습니다.

💬 왜 마을 사람들의 마음씨가 나쁜 것은 아니라고 생각했어요?

- 마을 사람들이 좀 섣부른 행동을 하긴 했지만 나름대로 곰을 위로한 거라고 생각해요. 자기가 가진 물건을 선뜻 곰에게 내줬잖아요. 그것도 어려운 일이 아닐까 싶어요.

친구의 말에 동의하는지 물으니 몇몇 학생들이 손을 들었습니다. "처음에는 나쁘다고만 생각했는데 저 이야기를 들으니 아주 나쁜 사람들 같지는 않아요. 그냥 어떻게 고민을 해결하는지 몰랐던 사람들 같아요."라고 이야기하는 학생도 있었습니다. 이것이 바로 그림책 생각 나누기의 묘미가 아닐까 싶습니다. 그림책에 대해 이야기 나누는 과정에서 자기 생각을 되돌아보고 수정 보완하는 기회를 얻을 수 있으니까요. 굳이 화려한 활동을 하지 않아도 학생들은 이렇게 그림책 하나만으로 놀랍도록 멋지게 성장하곤 합니다.

우리 고민 좀 들어주세요, 제발!

마지막으로 곰의 고민을 들어준 파리처럼 우리도 우리 반의 고민을 들어보는 시간을 가집니다. 고민을 적고 조언하기 전에 우선 조언할 때의 올바른 태도부터 약속합니다. 장난치듯 조언하거나 친구의 고민을 별것 아닌 것으로 치부하지 않도록 확실한 가이드라인을 제시하는 것입니다. 아래 약속을 안내하며 활동에 진지하게 임하도록 강조해 줍니다.

- 친구들의 고민을 잘 파악하고 마음 깊이 공감한다.
- 제멋대로 판단하지 않고 진심이 느껴지도록 조언한다.
- 친구에게 도움이 되는 방법을 생각해서 말한다.

그다음 온라인 도구인 패들렛을 활용해 친구들에게 고민 상담을 하도록 합니다. 패들렛은 익명으로 고민을 남길 수 있고 실시간으로 올라오는 다른 친구들의 고민을 하나도 빠짐없이 확인할 수 있어 활용하기에 매우 좋습니다. 잔잔한 음악을 틀어주고 모두 눈을 감게 한 뒤, 고민을 떠올려 보게 합니다.

💬 이제 우리는 나를 괴롭히는 고민과 문제를 친구들에게 털어놓을 예정입니다. 여러분의 마음속 깊은 곳을 불편하게 하는 고민은 무엇인가요? 아주 사소한 고민도 괜찮습니다. 고통은 나눌수록 작아지거든요. 파리가 곰에게 기쁨을 주었던 기쁨처럼 여러분도 서로에게 기쁨이 되는 관계를 만들어나갈 수 있답니다. 자, 이제 눈을 뜨고 고민을 남겨 보세요.

고민은 익명으로 적게 합니다. 그래야 더 허심탄회하게 적을 수 있기 때문입니다. 우리 반은 좋아하는 동물로 닉네임을 정해서 쓰게 했습니다. 각자 고민을 썼다면 친구들의 고민을 읽고 댓글로 조언을 하도록 합니다. 패들렛에 고민이 하나둘 올라올 때마다 그 고민에 대한 조언 댓글들도 하나둘 늘어납니다.

기린 키가 큰데 소심해서 고민입니다.
↳ 가까운 친구들과 먼저 친해지면 어때? 친구들과 어울려 이야기를 하면 자연스럽게 활발해질 거야.
↳ 네가 누구인지 알 것 같아. 그런데 너는 소심하지만 진지하고 편안해서 다른 사람의 말을 잘 들어주잖아. 그런 너의 장점을 잘 살렸으면 좋겠어.

토끼 새 피아노 대회 연주곡을 받았는데 너무 어려워요.
↳ 처음은 항상 어려운 법이래. 너무 걱정하지 말고 천천히 연습하길. 연습만이 살길!
↳ 노는 시간을 조금 줄이고 열심히 연습하면 될 거야. 내가 열심히 응원할게.

호랑이 저는 나중에 축구선수가 되고 싶은데 달리기가 너무 느려서 고민이에요.
↳ 매일매일 운동장을 3바퀴씩 뛰어봐. 축구선수는 빨리 달리는 것보다 오래 달리는 게 중요하대!
↳ 스피드가 부족하면 그걸 다른 방식으로 채워보는 건 어떨까? 공을 잘 다룬다든가 하는 걸로.

어떤 고민은 어른의 눈에 너무나 사소해 보이기도 합니다. 그럴 때 교사는 학생들의 마음에 가닿는 조언을 하거나 진심으로 공감하기 쉽지 않습니다. 그러나 학생들은 친구들의 사소한 고민에도 진심으로 반응합니다. 그들만이 공유하는 고민의 지점이 맞닿아 있기 때문이지요. 별말 하지 않아도 서로 열심히 고민하며 친구들을 위해 조언을 하는 모습을 보니 가슴이 뭉클해지더군요. 고민 나누기 활동을 끝내고 난 뒤 소감을 나눠 보았습니다. 그림책 속 곰처럼 마음이 편해졌는지 궁금했거든요. 학생들의 반응은 매우 긍정적이었습니다.

- 저에게 굉장히 커다란 고민이었는데 친구의 댓글을 보고 고민이 많이 작아졌어요.
- 솔직히 고민을 쓰기 전까지도 해결할 수 있을 거라고 기대하지 않았거든요? 그런데 친구들이 단 댓글을 보면서 어느 정도 마음속에서 해결이 된 것 같아요.
- 저와 비슷한 고민을 하는 친구들이 있어서 신기했어요.
- 친구의 고민에 어떤 댓글을 달면 좋을까 생각하는 과정에서 제 고민의 해답도 조금은 찾을 수 있었어요.

▶▶▶▶▶

거창한 해결책이 없어도 고민을 함께 나누는 것만으로도 도움이 된다는 것을, 이렇게 우리는 몸과 마음으로 확인할 수 있습니다. 그 어느 때보다 쑥 자란 것 같은 학생들의 눈을 바라보며 의사소통 수업을 이렇게 마무리하는 건 어떨까요. 학생들에겐 이 순간이 1년 학급살이의 큰 자양분이 될 것입니다.

여러분, 마음을 담은 조언을 친구들에게 해줘서 정말 고마워요. 그동안 우리는 그림책을 통해서 많은 것을 배웠어요. 의사소통의 중요성을 배웠고, 잘 듣고 잘 말하는 법을 배웠으며, 서로에 대한 감사와 칭찬 언어도 배웠습니다. 그리고 오늘은 서로의 고민을 보듬고 어루만지는 시간을 가져 보았지요. 학년 초에 연습한 이 모든 것들을 여러분이 잊지 않고 1년 동안 잘 실천해 나갔으면 좋겠습니다. 우리 반은 잘 듣고, 부드럽게 말하며, 서로를 칭찬하고, 고민을 보듬는, 그런 따뜻한 반입니다. 이 따뜻한 기운을 선생님은 오래 간직할게요. 여러분도 마음속에 깊이 간직해 주세요.

● 그림책 더 보기

1 소리괴물 (위정현 글, 이범재 기획·그림, 계수나무)
서로의 말에 귀를 기울이지 않아 생긴 소리괴물. 점점 커지는 괴물을 작게 만드는 방법은 무엇일까요?

2 고민 해결사 펭귄 선생님 (강경수 지음, 시공주니어)
동물들의 고민을 들어주는 펭귄 선생님의 상담소는 오늘도 북적북적합니다. 고민 해결의 시작은 듣기라는 걸 알게 하는 그림책이죠.

3 가만히 들어주었어 (코리 도어펠드 지음, 신혜은 옮김, 북뱅크)
애써 만든 장난감이 망가져 슬픈 테일러. 동물들이 테일러를 위로해 주지만 마음이 나아지지 않습니다. 슬픔을 위로하는 가장 좋은 방법은 '가만히 들어주는 것'이란 걸 알게 하는 그림책입니다.

• 이럴 땐 이렇게 •

갈등 상황에서 현명한 해결을 돕는 그림책

사람 사이에서 갈등과 다툼이 일어나는 것은 어쩌면 필연적인 일입니다. 더구나 아직 미성숙한 학생들 사이에서는 더더욱 그런 일이 자주 일어나겠지요. 갈등과 다툼이 일어나지 않게 하는 것만큼 중요한 것은 '갈등을 어떻게 현명하게 해결하느냐'입니다. 갈등을 방치한 채로 오해만 쌓아 최악의 상황으로 곪게 만들지, 아니면 그 갈등을 잘 해결해서 비 온 뒤 땅 굳는다는 속담처럼 더 돈독한 사이로 발전할지는 오롯이 우리의 태도에 달린 문제이기 때문이지요. 올바른 의사소통 방법을 토대로 현명한 갈등 해결을 돕는 그림책들이 많습니다. 그 중 대표적인 그림책 세 권을 소개합니다.

1 대신 전해 드립니다 (요시다 류타 지음, 고향옥 옮김, 키다리)

만화 같은 설정과 의미 있는 메시지로 저학년부터 고학년까지 누구나 즐겁게 읽을 수 있는 그림책입니다. 이 그림책의 주인공 수호는 의도치 않게 친구인 하나와 다투게 됩니다. 사과하고 싶지만 용기를 내지 못해 끙끙 앓을 때, 대신 말을 전해 주는 말풍선 '동동이'가 나타나지요. 동동이는 말 못하는 물건도 말을 할 수 있게 하는 신비한 능력을 지닌 말풍선입니다. 과연 수호는 동동이의 도움을 받아 하나에게 진심으로 사과할 수 있을까요? 이 그림책은 미안한 마음을 어떻게 전달해야 할지, 그리고 사과받을 때 어떻게 말해야 할지 생각해 보게 되는 그림책입니다. 그림책을 읽으며 다음과 같은 순서로 활동을 진행해 보세요. 평화롭고 현명한 갈등 해결에 많은 도움이 될 것입니다.

독서 전	- 그림책 표지와 제목 살피기, 내용 예상하기
독서 중	- 물건 그림 그리고, 물건이 하고 싶은 말 써보기 - 내가 만약 수호라면 어떻게 사과할지 생각해서 이야기 나누기
독서 후	- 평소에 고맙거나 미안했던 친구 떠올리기 - 말풍선 포스트잇에 '마음속에 담아 두었던 말' 적어서 교실에 붙이기 - 친구의 말풍선 보고 소감 나누기

2 짝꿍 (박정섭 지음, 위즈덤하우스)

박정섭 작가의 대표작인 『짝꿍』은 갈등을 잘못된 방식으로 풀었을 때 어떤 결과를 얻게 되는지 생각해 보게 하는 그림책입니다. 뜬소문으로 인한 오해가 생겨 주인공 '나'와 짝꿍의 갈등이 점점 커지는 모습을 보며 학생들은 자기 모습을 되돌아보게 되지요. 이 그림책은 열린 결말로 끝납니다. '나'와 짝꿍이 화해했는지, 아니면

영영 서로를 모른 척하는 사이로 남게 됐는지는 독자의 몫으로 남겨두었지요. 그림책을 모두 읽고 난 뒤에 어떻게 대화를 풀어나가야 할지 이야기를 나눠 보세요. 앞서 소개한 『대신 전해 드립니다』와 연계해서 각자 말풍선 동동이가 되어 '나'와 짝꿍의 화해를 돕는 역할을 해봐도 좋습니다.

독서 전	- 표지 속 인물의 표정이 왜 그런지 추측하기
독서 중	- 실감 나게 읽기 - 그림 속 다양한 인물들의 표정과 태도 살펴보기
독서 후	- 뒷이야기 상상하기(두 친구는 과연 화해했을까?) - 말풍선 동동이가 되어서 미안함 대신 전달하기 - 올바른 갈등 해결 방법 약속하기

3 나 안 할래 (안미란 글, 박수지 그림, 미래엔아이세움)

안미란 작가가 글을 쓰고 박수지 작가가 그림을 그린 『나 안 할래』는 아이들이 흔히 겪을 법한 친구 사이의 갈등과 화해가 귀엽게 담겨 있는 작품입니다. 아이들의 경험을 끌어내며 여러 가지 이야기를 나누기에 좋습니다. 사슴, 너구리, 다람쥐가 한데 모여 숨바꼭질을 합니다. 그런데 사슴은 가위바위보에서 질 때마다 "나 안 할래!" 하고 화를 내지요. 도대체 왜 사슴은 화를 내는 것일까요? 그림책을 읽다 보면 갈등을 줄이고 해결하는 밑바탕에 서로의 처지를 정확히 이해하는 것이 무엇보다 중요하다는 사실을 깨닫게 됩니다. 친구 간에 겪었던 여러 갈등 경험을 나누면서 올바른 해결의 중요성까지 생각해 보세요.

독서 전	- 그림책 표지 보고 제목 추측하기 - 여러 가지 질문 만들기
독서 중	- 나의 경험과 비교하면서 읽기
독서 후	- 그림책 속 상황과 비슷했던 나의 경험 떠올려 보기 - 그 갈등을 어떻게 해결했는지 생각해 보기 - 나와 그림책 속 등장인물 비교하고 성찰하기

이러한 수업을 통해 학생들은 서로의 감정을 정확히 표현하고 진심을 담은 사과를 해야만 갈등이 해소될 수 있다는 것, 그리고 그 과정에서 우리 모두 조금씩 인격적으로 성숙해진다는 것을 깨닫게 됩니다. 갈등 예방만큼 중요한, 현명한 갈등 해결! 학생들과 천천히 실천하고 깊이 고민해 보면 좋겠습니다.

6

모두 함께 약속하기

1
모두의 행복을 지키는
학급 약속

선생님은 언제 가장 행복하신가요? 열심히 준비한 수업에 아이들이 즐겁게 참여할 때, 맡은 업무를 홀가분하게 끝냈을 때, 가족과 여유롭게 여행할 때, 맛있는 것을 먹을 때, 잠들기 전 유튜브 영상을 볼 때…. 우리는 거창한 것인 아니라 소소한 것에서 행복을 느끼곤 하지요.

『최고의 차』는 바로 행복에 대해 질문을 던지는 그림책입니다. 나아가 진정한 행복은 무엇인지, 그 행복을 지키기 위해서는 어떻게 살아야 하는지도 고민하게 하는 작품이죠. 각자가 생각하는 행복에 대해 학생들과 이야기 나누고, 그 행복이 혼자만의 것으로 끝나지 않고 '모두의 행복'으로 이어지기 위해서 어떤 노력을 해야 하는지 생각해 보며, 교실에서 그 노력을 어떻게 구체화할 수 있을지 함께 궁리합니다. 이 과정을 거쳐 함께 완성한 학급 약속은 공동체 역량에 바탕을 둔 학급 운영의 튼튼한 뿌리가 되어 줄 것입니다.

『최고의 차』
다비드 칼리 글, 세바스티앙 무랭 그림, 바람숲아이 옮김, 봄개울

> 독서 전 활동

내가 생각하는 '최고의 차'는?

이 책의 주인공은 '자끄 아저씨'입니다. 정확히 말하자면 '작고, 예쁘지도 않고, 빠르지도 않지만 뭐 그렇게 나쁘지는 않은 차'를 가지고 있는 자끄 아저씨라고 해야겠네요. 자끄 아저씨의 마음을 설레게 하는 차는 따로 있습니다. 바로 빠르고, 힘세고, 세련된, 하지만 아저씨 월급으로는 꿈도 꾸지 못할 만큼 비싼 자동차 '비너스'입니다.

『최고의 차』의 표지에는 비너스를 바라보는 자끄 아저씨가 그려져 있습니다. 자동차 광고판을 올려다보는 모습이 언뜻 처량해 보이기도 합니다. 먼저 제목을 가린 표지만 보여주고 그림책 제목을 추측해 보게 합니다. '세상에서 가장 비싼 자동차' '그림의

떡' 등 그럴듯한 제목들이 쏟아져 나옵니다. 학생들의 생각을 충분히 듣고 난 뒤 제목을 공개합니다. 그리고 다음과 같은 질문을 던집니다.

> 💬 이 그림책의 제목은 바로 『최고의 차』예요. 광고판에 있는 이 하얀색 차가 최고의 차인 것 같죠? 갑자기 궁금해지네요. 여러분이 생각하는 최고의 차는 어떤 차인가요?

각자 최고의 차의 조건을 생각한 뒤, 짝끼리 발표하는 시간을 간단히 가집니다. 어떤 차가 최고의 차일지 말하면서 그렇게 생각한 이유까지 덧붙여 말하도록 독려합니다. 다음은 학생들이 생각한 '최고의 차'의 조건들입니다.

- 세상에서 가장 비싼 차
- 튼튼하고 사고가 나도 끄떡없는 차
- 디자인이 세련되고 예쁜 차
- 남들이 부러워할 것 같은 차
- 덩치 큰 사람이 타도 여유 있는 차
- 가격은 싼데 성능은 좋은 차

모두 고개를 끄덕일 만큼 괜찮은 조건입니다. 자신만의 최고의 차를 기분 좋게 상상하면서 학생들은 자연스럽게 그림책 속 이야기에도 집중하게 됩니다. 물론 '도대체 어떤 차이기에 최고의 차라고 하는 걸까?' 궁금해지는 것도 당연한 일이겠지요.

내가 자끄 아저씨라면?

그림책을 펼치고 학생들과 함께 천천히 읽기 시작합니다. 자끄 아저씨의 월급으로는 아흔세 살이 되어서야 비너스를 살 수 있다는 대목이 나오자 학생들의 탄식이 쏟아집니다. 잠깐 그림책을 덮고 학생들의 생각을 물어봅니다.

💬 여러분이 만약 자끄 아저씨라면 돈을 마련하기 위해서 어떻게 할 것 같나요?

- 아르바이트를 해요! 원래 하는 일의 월급으로는 너무 적으니까요.
- 차라리 야근을 해요. 밤에 일하면 돈을 더 받는다고 들었거든요.
- 회사에서 일하는데 또 일하는 건 너무 힘들어요. 과로사할 수도 있어요. 우선 타고 있는 차도 팔고요, 집에 있는 물건들도 팔아요. '영끌' 해서 돈을 모아요.
- 근데 그 물건들을 어떻게 다 팔아?
- 자끄 아저씨가 사는 곳에도 당근 마켓 같은 곳이 있지 않을까요?

6. 모두 함께 약속하기

나름 현실적이면서도 재치 있는 대화들이 오갑니다. 재밌는 것은 다른 친구의 생각을 듣고, 반론도 자연스럽게 이어진다는 점입니다. 굳이 의도하지 않아도 토의토론이 저절로 이뤄지는 셈입니다. 선생님이 따로 설명하지 않아도 각자의 의견을 이야기하고, 그 의견의 실현 가능성을 따지는 과정에서 학생들은 돈을 버는 것이 생각보다 쉽지 않다는 것을 스스로 이해하게 됩니다. 자끄 아저씨의 처지에 공감하게 되는 것은 당연한 일이지요.

그림 자세히 보기

다시 그림책을 펼쳐 읽습니다. 지금부터는 그림을 좀 더 자세히 살펴보게 합니다. 그림책의 그림은 독자의 이해를 돕고, 이야기를 풍성하게 만드는 매우 중요한 역할을 하기 때문입니다.『최고의 차』에서 눈여겨봐야 할 그림 중 하나는 바로 점점 변해가는 자끄 아저씨의 표정입니다. 돈이 없어 비너스를 동경하기만 하던 자끄 아저씨는 부업을 하며 용돈 벌이를 시작합니다. 이때부터 자끄 아저씨의 표정이 어떻게 변하는지 자세히 살펴보며 책을 읽습니다. 차를 사기 위해서 돈을 모을 때의 표정, 차를 살 때의 표정, 차를 사고 난 후의 표정까지 주인공의 얼굴 표정이 제각각 다르기 때문이지요.

학생들에게 "자끄 아저씨가 행복해 보이나요?"라고 물어보면 학생들은 약속이나 한 것처럼 너 나 할 것 없이 고개를 젓습니다. 굳이 말하지 않아도 행복한 사람의 표정과 거리가 멀다는 것을 알 수 있습니다. 학생들은 변해가는 자끄 아저씨의 표정을 통해 진정한 행복은 '물건'에 있는 것이 아님을 직관적으로 깨닫게 됩니다.

> **독서 후 활동**

뒷이야기 상상하기

『최고의 차』는 마지막에 주인공이 새로운 차를 다시 사는지, 아니면 현재에 만족하며 살아가는지 확실한 결말을 보여주지 않은 채 끝납니다. 학생들과 함께 자끄 아저씨가 어떻게 되었을지 상상해 보고 이야기 나누는 시간을 가집니다. 개인별로 포스트잇을 나눠주고 자신이 생각한 뒷이야기를 적도록 합니다. 저는 모둠원끼리 서로 상상한 내용을 먼저 나누고 전체 발표를 하도록 했습니다. 모든 학생이 자신의 이야기를 발표할 수 있는 분위기를 만들어 주면 자연스럽게 그림책의 내용을 되새기며 주제를 더욱 깊이 이해하게 됩니다. 다음은 학생들이 상상한 뒷이야기입니다.

- 부업만 하다가 일을 못 해서 직장에서 잘리고, 새로운 차도 못 샀을 것 같다. 결국은 비너스도 팔고 과거를 후회하면서 살았을 것이다.
- 돈을 열심히 모으다가 병이 나서 차를 못 끌 것 같다. 회사도 다녀야 하지, 자동차 조립도 해야 하지 엄청 힘들게 살다가 결국은 모은 돈을 병원비로 다 쓰게 될 것이다.
- 비너스를 짧은 시간에 산 거 보면 자끄 아저씨가 능력이 없진 않다. 몇 년이 걸리든 차를 꼭 샀을 것 같다. 결국 그때쯤이면 또 최고의 차가 바뀌었겠지만.
- 비너스도 겨우겨우 샀는데 그것보다 두 배나 더 비싼 아프로디테는 어림도 없다. 결국에는 포기하고 자기 인생을 즐겼을 것이다. 꼭 그랬으면 좋겠다.
- 돈을 좀 모으다가 이 돈이면 그냥 맛있는 것 먹고 재밌는 것 보고 사는 게 낫겠다는 생각이 들어서 고양이랑 같이 비너스를 타고 다니며 자기 삶을 살아갔을 것이다.

어떤가요? 학생들이 자끄 아저씨의 모습을 어떻게 바라봤는지 잘 드러나지요? 각자 다른 이야기들을 상상했지만 여기에는 공통점이 하나 있습니다. 바로 최고의 차만 좇는 자끄 아저씨의 모습이 바람직하지 않다는 것을 정확히 꿰뚫고 있다는 점이지요.

선생님이 굳이 강조하지 않아도 행복은 '물질'에 있는 것이 아니라 우리 '마음' 속에 있다는 사실을 학생들은 깊이 이해하고 있습니다.

모두 행복한 학급 약속 만들기

❶ '나'와 '너'를 행복하게 하는 것 나누기

뒷이야기 상상을 통해 그림책의 주제를 명확히 했으니 이제 이를 학급 운영에 적용해 볼 차례입니다. 우선 학교에서 '나를 행복하게 하는 것'들을 모으는 시간을 가졌습니다. 서로가 어떤 지점에서 행복을 느끼는지 이해해야 모두의 행복을 위한 학급 규칙을 만들 수 있으니까요. 학생들이 학교에서 느끼는 행복들은 이런 것들이었습니다.

- 친구들하고 축구할 때
- 재밌게 놀고 협력할 때
- 우리 모둠이 엄청 잘할 때
- 선생님께 칭찬받을 때
- 급식시간에 밥 먹을 때
- 쉬는 시간에 친구들과 수다 떨 때
- 체육시간에 열심히 체육할 때
- 잘 모르는 걸 완벽하게 이해했을 때

평범한 일상이지만 학생들은 그 안에서 나름의 행복들을 발견하고 있습니다. 이때, 『최고의 차』를 언급하면서 행복은 사람의 태도와 마음에 있음을 다시 한번 떠올리게 줍니다. 자끄 아저씨처럼 나만의 거대한 행복을 추구하다가 우리 모두의 일상 속 소소한 행복을 놓치는 잘못을 저지르지 않았으면 좋겠다고 말이지요.

❷ '우리 모두가 행복한' 학급 생각하기

'나'와 '너'를 행복하게 하는 것들을 토대로 '우리' 모두가 행복한 학급을 그려나가는 활동을 합니다. 친구들의 다양한 의견을 반영해서 포스트잇에 '모두가 행복한 우리 반'의 모습을 쓴 다음, 칠판에 붙여 보도록 합니다. 최대한 자유롭게 쓰도록 독려하며, 다소 허무맹랑해 보이는 제안이라고 할지라도 비난하거나 강제로 수정하지 않습니다. 브레인스토밍 활동이므로 비판 금지, 자유분방, 질보다 양, 결합과 개선이라는 4대 원칙을 지키도록 미리 안내합니다.

- 모두 함께 어울려서 즐겁게 노는 반
- 다투지 않고 사이좋게 지내는 반
- 같이 힘을 합치는 반
- 서로 비난하지 않는 반
- 놀 땐 놀고, 공부할 땐 공부하는 반
- 시험 보지 않고, 체육을 매일 하는 반
- 각자의 행복을 존중하는 반
- 잘못해도 혼나지 않는 반

칠판에 포스트잇을 모두 붙였다면 선생님과 하나하나 읽으면서 검토하는 시간을 가집니다. 이때, 학생들이 쓴 의견 중에서 '우리 모두의 행복'과 거리가 멀거나 실현 불가능한 내용은 수정 보완합니다.

💬 친구들의 행복을 반영해서 모두 잘 썼네요. 이 중에서 좀 이상하거나 고치고 싶은 의견들이 있나요?

- '잘못해도 혼나지 않는 반'은 행복한 반하고 상관없는 것 같아요. 잘못했는데도 혼나지 않으면 교실이 엉망진창이 될 거예요.

💬 이 의견을 쓴 친구가 있다면 혹시 왜 이렇게 썼는지 이야기해 줄 수 있을까요?

- 아, 저는 잘못해도 무조건 혼나지 않는다는 뜻은 아니었어요. 잘못했을 때 친구들 앞에서 공개적으로 혼나면 기분이 더 상하니까 따로 선생님과 이야기해서 조용히 해결하면 좋겠다는 생각이었어요.

💬 일리가 있는 의견이에요. 공개적으로 혼나면 학급 분위기도 안 좋아질 테니까요. 다른 친구들은 어떻게 생각하나요?

- 그럼 '혼나지 않는 반'이 아니라 '잘못했을 때 책임 지는 반' 이렇게 바꾸면 어떤가요?

위와 같은 의사소통을 통해 학생들은 모호한 내용을 보충하고, 각자의 의견을 더욱 정확히 이해하게 됩니다. 그러면서 '모두가 행복한 우리 반'의 모습을 더욱 구체화하게 되지요.

❸ 학급을 행복하게 하는 가치 찾기

의견 검토가 끝났다면 비슷한 내용끼리 유목화하는 작업을 합니다. 서너 개의 묶음으로 분류한 뒤에 핵심 가치 덕목을 찾아냅니다. 예를 들어 '다투지 않고 사이좋게 지내는 반'과 '서로를 비난하지 않는 반'의 공통 가치는 "존중"이라는 할 수 있겠지요. 이와 같은 방법으로 안전, 협력, 배려, 감사, 책임 등 학급이 추구해야 할 여러 가지 가치 덕목을 찾아낼 수 있습니다. 너무 많은 가치를 찾기보다는 우리 반에 꼭 필요한 덕목들로 서너 개 정도만 뽑아내는 것이 좋습니다.

❹ 우리 모두의 행복을 위한 '학급 약속 만들기'

우리가 생각한 행복한 우리 반의 모습과 앞서 찾은 핵심 가치들을 연계해 우리가 지켜야 할 학급 약속을 정합니다. '사람과 교육 연구소' 정유진 선생님의 '학급 운영 시스템'과 PDC 코리아의 학급 긍정 훈육법을 참고해서 다음과 같이 진행하면 좋습니다.

- 모둠별로 핵심 가치를 하나씩 배정받습니다. (예: 1, 2모둠-존중/ 3, 4모둠-협력/ 5, 6모둠-즐거움)
- 모둠별로 핵심 가치를 잘 드러내는 학급 약속을 만듭니다. (예: 핵심 가치가 '존중'이라면-"우리는 서로 존중하는 반입니다.")
- 함께 만든 학급 약속을 잘 지키기 위한 '말'과 '행동'을 정해서 씁니다.
- 모둠별로 학급 약속을 정했다면 돌아가며 전체 발표를 하면서 규칙을 점검합니다.
- 수정, 보완할 사항이 있는지 확인하고, 더는 수정할 것이 없다면 모두의 동의를 구하는 의미에서 약속에 서명을 남깁니다.

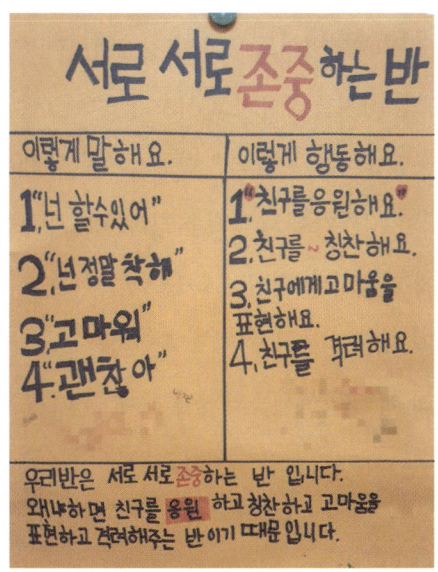

학생들이 만든 학급 약속.

❺ 함께 실천하기

　이렇게 만든 학급 약속은 1년 내내 학생들의 눈에 잘 띄는 곳에 게시하고, 이를 꾸준히 실천할 수 있게 독려합니다. 약속을 정하기만 하고 실천하지 않는다면 무용지물임을 강조하면서 모두의 행복을 지키기 위해 함께 노력하자고 다짐합니다. 학급 약속은 매주 학급회의 시간을 통해 잘 지켜지는지 확인하고 점검하는 것이 좋습니다.

▶▶▶▶▶

　학급 약속 만들기는 행복한 1년 학급살이를 만드는 데 가장 기초적이면서도 중요한 활동입니다. 이를 통해 교사와 학생은 핵심 가치를 공유하고 서로가 원하는 학급이 무엇인지를 파악할 수 있습니다. 그림책을 함께 읽으면서 행복을 탐색하고 서로의 행복을 지키기 위해 약속을 정하는 과정이 중요한 이유가 바로 여기에 있습니다. 학급 약속을 만들었다면 묵묵히, 끝까지, 인내심을 갖고 이 약속을 지키고 확인하는 모습을 보여 주세요. 시간이 흘러 어느덧 학생들의 생활 속에 '우리 모두의 행복을 위한 약속'이 오롯이 자리매김하는 것을 확인할 수 있습니다.

• 그림책 더 보기

1 욕심쟁이 딸기 아저씨 (김유경 지음, 노란돼지)

아무리 좋아하는 것이라도 혼자 그것을 차지하면 마냥 행복할까요? 욕심을 내려놓고 나눔으로써 비로소 행복을 누리는 딸기 아저씨 이야기입니다.

2 바다야, 너도 내 거야 (올리버 제퍼스 지음, 김선희 옮김, 주니어김영사)

온 세상을 갖고 싶었던 주인공 파우스토의 어리석은 모험을 우화 형식으로 들려줍니다. 모든 것을 가지면 행복해지는지 이야기 나눌 수 있어요.

3 행복한 줄무늬 선물 (야스민 셰퍼 지음, 김서정 옮김, 봄볕)

내가 쓰고 남은 것을 나누는 것이 아니라, 나에게 매우 소중한 것을 나누면서 행복을 느끼는 호랑이 칼레의 여정이 그려집니다.

2
모두를 위한 학급자치

학급 공동체 안에서 '나의 역할'은 매우 중요합니다. 나의 정체성을 확립하는 과정에서 책임, 협력, 배려 등 인생을 살아가는 데 중요한 덕목들을 배우게 되기 때문이지요. 하지만 이 역할이 자발적 선택이 아닌, 누군가의 강제에 의한 것이라면 이야기가 달라집니다. 하기 싫은 것을 억지로 하는 것만큼 고역인 일도 없으니까요.

어떻게 하면 학생들이 학급 안에서 스스로 자기 역할을 찾아 나갈 수 있을까요? 이러한 고민을 하던 찰나, 기적처럼 만난 그림책이 바로 이번에 소개할 『착해야 하나요?』입니다. 이 그림책은 내가 선택한 행동이 '누군가에게 잘 보이고 싶어서'가 아니라 '내가 하고 싶어서' 하는 것이어야 함을 너무나도 재미있게 설명해 주고 있습니다. 학생들이 스스로 학급의 주인공이 되어 의미 있는 역할을 각자 수행할 수 있도록 도와주는 그림책입니다.

『착해야 하나요?』
로렌 차일드 지음, 장미란 옮김, 책읽는곰

> 독서 전 활동

우리가 해왔던 '1인 1역할' 돌아보기

먼저 학생들이 특정 주제에 관해 기존에 가지고 있는 생각들을 정리하는 활동 두 가지를 전개합니다. 독서 전에 자신이 원래 가지고 있던 생각을 말과 글로 남기면 독서 후의 생각과 비교할 수 있어 좋습니다.

먼저 학생들과 함께 우리가 지금까지 해왔던 1인 1역할 활동을 돌아보는 시간을 가집니다. 입학할 때부터 지금까지 학교에서 해봤던 1인 1역할을 떠올려 적어보도록 합니다. 모두가 함께 볼 수 있도록 육각 씽킹보드나 온라인 도구인 띵커벨 보드를 활용하면 좋습니다. 특히 띵커벨 보드는 하나의 링크로 한 번에 최대 3개의 보드판을 만들 수 있어서 독서 전 생각한 것과 독서 후 생각한 것을 비교하며 보기에 좋습니다.

학생들이 가장 많이 적은 것은 '우유 나눠주기, 칠판 지우기, 환기시키기, 분리배출 하기' 등 환경 미화와 관련된 일이었습니다. 아무런 활동을 해 본 적이 없다고 쓴 친구도 있었습니다.

지금까지 해왔던 1인 1역할. 육각보드와 띵커벨 보드 활용.

"대부분 우유 당번이나 청소를 많이 했군요. 이것들은 여러분들이 원해서 한 건가요?"

"아니요, 선생님께서 돌아가며 하라고 해서 했어요. 귀찮아서 다들 하기 싫어했어요."

"왜 하기 싫었나요?"

"저희가 하고 싶어서 하는 게 아니라 시켜서 한 거니까요."

학생들의 대답을 듣고 나니 조금 씁쓸해졌습니다. 우유 당번이나 청소는 학급 공동체를 위해 꼭 필요한 역할이지만 스스로 선택한 일이 아니다 보니 학생들에겐 그저 귀찮고 짜증 나는 일일 뿐이었던 것입니다. 학생들이 학급 안에서 자기 역할을 수행하는 데 가장 중요한 요소는 '하고 싶다'는 '자발성'이라는 것을 다시 한번 확인하게 된 순간이었습니다.

'신호등 토론'

본격적인 그림책 읽기에 앞서 책표지 살펴보기를 시작합니다. 제목을 숨기고 맞혀보게 하면 쉽사리 답이 나오지 않습니다. 다양한 답변을 듣고 난 뒤 제목을 공개합니다. '착해야 하나요?'라는 제목을 보여주면 아이들은 갸우뚱한 반응을 보입니다. 누가 봐도 반항기 가득해 보이는 제목의 책을 선생님이 읽어준다고 하니 의아할 수밖에요.

제목만으로도 여러 생각을 불러일으키므로 책을 읽기 전에 간단히 신호등 토론을 해봐도 좋습니다. 주제에 대한 자신의 의견을 반대(빨강), 중립(노랑), 찬성(초록)으로 표현하는 활동이지요. 색깔 포스트잇이나 앞서 활용한 띵커벨 보드를 쓰면 좋습니다. 학생들에게 그림책 제목처럼 '우리는 착해야 한다'를 주제로 주고 찬반 의견을 써 보도록 했습니다. 싱거운 결과를 예상했는데 의외로 다양한 의견들이 나와서 깜짝 놀랐습니다.

반대	- 남들이 착하다고 말하는 것에 맞추고 사는 것은 피곤하니까 - 남들이 좋아해 주지만, 가끔 너무 무시당하니까 - 착한 사람은 한 번만 잘못해도 더 크게 혼나서 손해가 크니까 - 착하단 말 때문에 억지로 해야 하는 일이 많아지니까
중립	- 착하다는 칭찬을 받으면 좋긴 한데, 착하지 않아도 문제가 안 되는 때도 많아서 결정이 어렵기 때문에 - 상황에 따라 달라지기 때문에 고민돼서 - '착하다, 못됐다'를 들은 경험이 적어 판단이 잘 안 돼서
찬성	- 남에게 베푼 선행은 결국 나에게 돌아오니까 - 세상에 나쁜 사람이 너무 많아 나라도 착해야 할 것 같아서 - 착한 사람이 없다고 생각하면 서로 미워하고 싸우기만 할 테니까

신호등 토론으로 서로의 의견을 확인하면서 학생들은 그림책이 던지는 '착해야 하나요?'란 발칙한 질문에 더욱 관심을 갖게 됩니다. 이 같은 강렬한 호기심을 바탕으로 본격적인 책 읽기를 시작합니다.

> 독서 중 활동

질문과 함께 그림책 읽기

　이 책의 첫 문장은 '유진 크라우스는 착한 아이였어요.'입니다. 그 뒤로 어른들의 말을 잘 듣는 착한 유진이의 행동들이 쭉 이어지지요. 부모님이 유진에게 착한 아이 배지를 달아주는 부분까지 읽고 난 뒤, 학생들에게 유진처럼 착하다는 말을 듣기 위해 행동한 적이 있는지 물어보았습니다. 그러자 기다렸다는 듯 학생들은 청소, 설거지, 10시에 잠자기, 약속한 시간에만 핸드폰 하기, 부모님 안마하기 등 그동안 자기가 한 착한 일들을 앞다투어 나열했습니다. 그런 학생들을 보고 빙그레 웃으며 "우리 반 친구들 모두에게 유진처럼 착한 아이 배지를 하나씩 달아주어야겠다."라고 말한 뒤 다시 그림책을 읽기 시작했습니다.

　이번에는 나쁜 아이의 대명사, 유진의 동생 제시의 이야기가 나옵니다. 친구들에게도 환영받지 못하는 제시를 보며 아까와는 반대로 가족이나 친구에게 '너 참 나쁘다. 못됐다!'라는 말을 들은 경험이 있다면 손을 들어 보라고 했습니다. 이때는 나쁘다거나 못됐다는 말을 듣는 상황이 아이들에게 상처일 수 있으니 구체적인 사례를 발표시키기보다는 그런 경험이 있는지 공유하는 것이 좋습니다. 몇몇 아이들이 쭈뼛거리며 손을 들더군요. 용기를 내 줘서 고맙다고 말한 뒤 책의 나머지 부분을 읽었습니다.

'착한 아이' 유진과 '나쁜 아이' 제시. 그런데 이상하지요? 유진은 착한 일만 했는데 오히려 제시와 다르게 불공평한 대우를 받습니다. "넌 착하니까 당연히 해야지!"란 말도 듣습니다. 학생들에게도 이런 경험이 있는지 물었더니 경험담을 쏟아냅니다.

- 매일 숙제 먼저 하고 게임을 했는데, 한 번 너무 스트레스받아 게임을 먼저 했다가 그거 가지고 혼났어요. 너무 억울했어요.
- 전에 교실 바닥 쓸기 청소를 맡았는데, 청소 안 하고 도망가는 친구가 있었어요. 친구를 고자질하는 것도 나빠 보여서 저만 매번 청소했어요.

학생들의 속상한 마음에 충분히 공감해 준 뒤, 그림책에서 유진은 어떻게 했을지 확인합니다. 유진이 선택한 일명 '착한 아이 파업'은 남이 아닌 내가 하고 싶은 것을 고민하게 하는 중요한 사건입니다. 그리고 유진이 누군가에게 칭찬받기 위해서가 아니라 자신을 위해 토끼장을 청소하던 순간, 이 그림책에서 가장 마법 같은 대사가 등장합니다.

"착하다는 말을 듣고 싶어서 청소한 거 아니야. 토끼가 뛰어놀라고 그런 거야."

행동의 기준이 '다른 사람의 시선'이 아니라 '나의 선택'으로 전

환되는 이 장면이야말로 학급 1인 1역할의 핵심을 담아낸 장면이 아닐까 싶습니다. 나와 타인에게 모두 도움이 되는 일을 찾는 것이야말로 '의미 있는 역할'이 주는 진정한 가치일 테니까요.

'의미 있는 역할' 정하기

  그림책을 다 읽은 후, 유진이 나다운 선택을 한 것처럼 우리 반 학생들 역시 나답게 '의미 있는 역할'을 정해 보았습니다. '의미 있는 역할'은 교사가 하는 일들을 학생들이 조금씩 나누어 갖던 예전의 1인 1역할과 다르게, 교실의 주인인 학생들이 스스로 필요한 역할을 찾아 활동한다는 점에서 큰 차이가 있습니다. 자신이 잘하거나 좋아하는 일을 통해 재능 기부를 경험하는 것, 역할 경합에서 떨어져도 자신의 역할을 찾는 선택권이 있다는 점, 그리고 필요하되 모두 기피하는 역할은 모두 돌아가면서 한다는 점이 인상적인 활동이지요.

 '의미 있는 역할'이란 학급긍정훈육법(PDC)에서 유래된 용어입니다. 본 활동은 『학급긍정훈육법』의 '기본편' 및 '활동편'(에듀니티), 『학급긍정훈육법』 '실천편'(교육과실천)을 일부 참고하였습니다.

❶ 행복한 우리 반을 위한 '의미 있는 역할' 찾기

만약 마을에 나 혼자만 산다면 어떨까요? 이 질문에 학생들은 대부분 외롭고 재미가 없을 거란 대답을 합니다. 우리가 공동체를 이루며 사는 이유도 혼자서 모든 일을 다 할 수 없기 때문이지요. 학급 역시 마찬가지입니다. 1년 내내 어울려 사는 학급 공동체 안에서 모든 일을 선생님이 다 신경 쓸 수 없고, 소수의 학생들이 도맡아서 할 수도 없지요. 이러한 이야기를 나누면서 행복한 우리 반을 만들기 위해 자신이 잘할 수 있는 역할, 필요한 역할을 찾는 시간을 가집니다. 사실 학생들이 주도적으로 학급 내 자기 역할을 찾는 것이 가장 이상적이지만 처음부터 학급에 필요한 역할을 바로 찾기란 쉽지 않습니다. 그래서 1학기에는 선생님이 교실에 필요한 역할 목록을 아래와 같이 미리 제시하고 2학기 때 학생들이 주도적으로 수정, 보완하게 해도 좋습니다.

학생들과 함께 정한 '의미 있는 역할'.

'의미 있는 역할' 예시		
출석 알리미 (스타터)	열화상카메라 (방지턱)	심부름 (로켓배송)
체육 준비운동 (국종이)	칠판 지우기 (와이퍼)	아침인사하기 (알로하)
활동 사회자 (유재석)	발열체크 (히트건)	마스크 착용체크 (질본)
전등 조절 (빛의 수호자)	시간 알리미 (타임키퍼)	분실물 관리 (분실물센터)
이동 줄 세우기 (라이너)	게시판 관리 (아티스트)	음악 DJ (음중 MC)
청결용품 관리 (아이깨끗해)	미세먼지 관리 (미세미세)	학급 사진 촬영 (작가님)

괄호 안에 있는 것은 의미 있는 역할의 애칭입니다. 학생들과 함께 이 애칭 만들기를 합니다. 별것 아닌 활동 같아 보이지만 창의적이고 재밌는 애칭을 만드는 과정에서 학생들은 역할에 좀 더 애정을 갖게 됩니다. 애칭 만들기를 하기 전과 하고 난 후의 반응 차이가 확연하게 나니 꼭 진행하는 것을 추천합니다.

❷ '의미 있는 역할' 안내문 게시하기

역할 정하기가 끝나면 하루이틀 시간을 두고 의미 있는 역할 안내문을 만들어 교실에 게시합니다. 이 활동 역시 학생들이 직접 진행하는 것이 가장 좋고, 경우에 따라서는 선생님이 주도적으로 만들어도 무방합니다. 다만 역할 안내문에 들어갈 항목은 학생들과 미리 상의하는 것이 좋습니다. 역할 안내문에는 다음 내용들이 포함되면 좋습니다.

- 역할 이름
- 언제, 어디서 하는 지
- 필요한 예상 인원
- 하는 일

- 필요한 능력
- 학급에 도움이 되는 점
- 나에게 도움이 되는 점

교실에 게시한 '의미 있는 역할' 안내문.

❸ '의미 있는 역할' 지원하기

학생들은 교실에 게시된 의미 있는 역할 지원서를 살펴보고 각자 하고 싶은 역할을 지원합니다. 이때, 한 사람도 빠짐없이 '1인 1역할'을 선택해서 지원할 수 있게 합니다. 학급 공동체에서 나의 역할을 주도적으로 찾고 수행하는 경험은 매우 중요하기 때문입니다. 이 과정에서 조급한 마음을 내지 말고, 학생들이 역할을 충분히 고민해서 지원할 수 있도록 일주일 정도 시간을 넉넉히 줍니다. 또한 역할별 지원 현황은 비공개로 하여, 아이들 간의 인기나 힘에 의해 선택이 영향을 받지 않도록 도와줍니다. 이 과정은 처음엔 오래 걸리지만, 다음 분기(학기)에 보완하여 진행할 때는 그만큼 시간이 단축되니 처음에 시간을 충분히 들여 활동에 임하는 것이 좋습니다. 의미 있는 역할을 지원할 때는 자신을 돌아보며 다음과 같은 역할 지원서를 작성하도록 안내합니다.

'의미 있는 역할' 지원서	
지원자 이름	
역할 이름	
지원 이유	
역할과 어울리는 나의 장점	
내가 성장할 수 있는 점	

❹ '의미 있는 역할' 정하기

모든 학생이 역할 지원을 마무리하면 학급회의에서 역할별로 '지원서 발표-질의응답(인터뷰)-투표' 과정을 거친 뒤 각자의 역할을 결정합니다. 탈락한 학생들은 남아 있는 직업을 선택할 수 있고, 자신이 하고 싶은 다른 직업을 찾을 수도 있습니다. 학급에 꼭 필요한 역할이지만 모두가 외면하는 역할이 있다면 돌아가면서 한 번씩 하는 것으로 합니다. 내가 하고 싶은 역할을 하면서 모두가 외면하는 역할을 겸임함으로써 공동체에 책임을 지는 연습을 하는 것이지요.

❺ '의미 있는 역할' 실천하기

모두가 '의미 있는 역할'을 정했다면 정해진 시간(학기 또는 분기 등) 동안 역할을 실천합니다. 이때, 다시 한번 『착해야 하나요?』의 내용을 되새기면서 다른 사람의 시선이나 평가가 아니라 나 스스로 자랑스럽게 행동하는 것이 가장 중요한 일임을 강조해 줍니다. 꾸준한 실천은 결국 '내가 좋아야' 가능한 일이니까요. 역할을 바꾸는 시기에는 동료평가와 자기평가를 통해 그동안 역할을 얼마나 잘 수행했는지를 돌아보고, 정말 잘 수행한 친구를 뽑아 격려와 지지를 해주세요. 이 과정을 거치며 학생들은 소속감을 느끼고 학급의 일원으로서 최선을 다하게 됩니다.

▶▶▶▶▶

학생들 각자의 '나다움'이 모여 모두가 행복한 '학급 공동체'를 만들어 내는 일은 겪을 때마다 항상 경이롭고 아름답습니다. 내가 진정으로 하고 싶은 것은 무엇인지, 나다움의 의미는 무엇인지 생각해 보게 하는 그림책을 통해 학생들과 함께 의미 있는 1년을 만들어 나가면 좋겠습니다.

- 그림책 더 보기

1 모두를 위한 케이크 (다비드 칼리 글, 마이라 덱 그림, 정화진 옮김, 미디어창비)
협력의 의미를 배울 수 있게 해주는 그림책. 학급에 다양한 역할이 필요하고 각기 맡은 역할을 통해 서로 도울 수 있음을 일깨워 줍니다.

2 핑! (아니 카스티요 지음, 박소연 옮김, 달리)
살아가면서 무언가를 시작할 때, 용기를 내어 자기를 표현하는 것을 도와주는 그림책. 의미 있는 역할 찾기를 할 때 함께 읽으면 좋아요.

3 그건, 내 거야! (아누스카 아예푸스 지음, 신수진 옮김, 비룡소)
협동하고 함께 나눌 때의 기쁨을 담은 그림책. 단순하게 반복되는 구조와 재밌는 전개로 아이들의 눈높이에 맞게 '협동'의 중요성을 알려 줍니다.

3
내 삶의 주인이 되는
생활 약속

임상아의 노래 「뮤지컬」 가사 중 이런 구절이 있습니다. "내 삶의 주인은 바로 내가 돼야만 해!" 내 삶을 스스로 결정하겠다는 당찬 목소리가 지금 들어도 인상적인 노래입니다. 이것이 바로 사람이라면 누구나 추구하는 '자주적인 삶'입니다. 스스로 계획을 수립하고 하나하나 스스로 실천해 나갈 때 가능합니다. 또한 실천 가능한 계획을 세우기 위해서는 자기이해가 수반되어야 합니다. 이런 '자주'의 복합적인 개념을 어떻게 하면 학생들이 쉽게 이해할 수 있을까 고민하던 중 만난 그림책이 있습니다. 바로 오소리 작가의 『노를 든 신부』입니다. 강렬한 색감, 색다른 느낌을 주는 수채화 일러스트, 유쾌한 비유 덕에 읽을수록 감탄하게 되는 그림책입니다. 책을 통해 학생들은 '자주'의 개념을 구체화하고 삶의 주인이 되는 생활 약속을 만들어 보는 원동력을 얻습니다.

『노를 든 신부』
오소리 지음, 이야기꽃

독서 전 활동

표지에서 질문 찾기

그림책을 읽기 전, 제목과 표지만 본 상태에서 다양한 질문을 만들고 나눠 보는 시간을 먼저 가집니다. 모둠별로 『노를 든 신부』의 표지가 붙은 4절지를 나눠준 뒤, 제목과 표지를 잘 관찰하고 궁금한 것들을 써 보게 합니다. 신부와 노의 어색한 조합, 신부가 숲속에 혼자 있는 상황 등이 학생들의 호기심을 자극합니다.

- 왜 신부가 노를 들었을까?
- 저 신부는 어디로 가는 것일까?
- 신부의 표정이 심각한 이유는 뭘까?
- 신랑은 어디로 갔을까?
- 왜 드레스를 입고 숲을 걷고 있는 걸까?

『노를 든 신부』를 처음 만난 사람이라면 누구나 한 번쯤 가질 만한 질문들이 쏟아집니다. 이렇게 질문을 다 적고 난 뒤에는 순환 학습을 진행합니다. 4절지를 책상 위에 두고 1모둠은 2모둠으로, 2모둠은 3모둠으로, 3모둠은 1모둠으로 자리를 옮겨서 친구들이 적은 질문을 확인하고 그 질문에 답변을 달아줍니다.

왜 신부가 노를 들었을까?	- 신혼여행을 갔는데 배를 타야 해서. - 배를 타고 결혼식장에 가야 하는데 늦어서. - 결혼식장에서 난동을 부리는 사람들을 제압하려고 노를 들고 가는 것 같다.
신랑은 어디로 갔을까?	- 신랑은 누군가에게 납치당한 것 같다. - 신부가 무서워서 도망쳤다.
신부의 표정이 심각한 이유는 뭘까?	- 사랑하는 신랑이 어디론가 사라졌기 때문에. - 결혼식에 가봤는데 신부들은 떨려서 그런지 표정이 밝진 않았다. 떨려서 심각한 것이다.

질문마다 다양하고 기발한 대답들이 오고 갑니다. 덤으로 자연스럽게 자기 경험을 이야기하는 효과도 거둘 수 있지요. 질문에 답을 쓰면 쓸수록 그림책에 대한 흥미 역시 점점 더해집니다. 순환학습이 끝나면 학생들은 원래 모둠으로 돌아와서 다른 친구들이 쓴 질문과 대답을 살펴봅니다. 선생님이 한 번 더 전체적으로 정리해 줘도 좋습니다.

> 독서 중 활동

함께 읽으며 생각 나누기

외딴 섬에 한 소녀가 살고 있습니다. 그녀의 친구들은 이미 신부와 신랑이 되어 섬을 떠났지요. 심심한 소녀도 신부가 되기로 결심합니다. 어머니와 아버지는 소녀에게 하얀 드레스와 노 하나를 줍니다. 신부가 된 소녀는 노 하나를 들고 이런저런 난관에 부딪힙니다. 괜히 신부가 되기로 했나 하는 생각이 들 때쯤 늪에 빠진 사냥꾼을 만납니다. 신부는 자신이 가진 노로 사냥꾼을 멋지게 구해냅니다. 그때부터 신부는 놀라우리만큼 자주적인 삶을 살게 됩니다.

> 💡 이야기꽃 출판사의 유튜브에서도 『노를 든 신부』의 내용을 확인할 수 있습니다. '작가가 읽어주는 그림책' 시리즈의 일환으로 출판사가 공개한 것이기 때문에 저작권 걱정 없이 볼 수 있습니다.

결말을 확인하기 전 잠깐 그림책을 덮고 학생들과 이야기를 나누었습니다.

💬 자신의 생각과 믿음에 따라 살아가는 것을 '자주적인 삶'이라고 하죠. 여러분이 보기에 그림책 속 신부는 자주적인 사람 같은가요?

- 네, 다른 사람들이 사는 것처럼 살지 않고 스스로 원하는 것을 선택했어요.

💬 그런데 대다수가 선택한 길과 다른 선택을 하는 것은 과연 쉬운 일일까요? 여러분은 이야기 속 신부처럼 자주적으로 살 수 있나요?

학생들의 표정에 고민이 드러납니다. 신부의 선택이 멋지다고 생각했지만 막상 '나'의 삶과 연결해 보면 쉽지 않은 일이기 때문입니다. 잠깐 눈을 감게 한 뒤, 신부처럼 살 수 있을 것 같은 친구만 손을 들게 했습니다. 대부분의 친구들이 들지 못했습니다. '자주적인 삶'에 대해 좀 더 이야기를 더 나눴습니다.

💬 많은 친구가 손을 들지 못했어요. 그럼 남들이 사는 것처럼 따라 살고 싶은가요?

- 그건 아니에요. 불행할 것 같아요. 그런데 신부처럼 살려면 용기가 필요한 것 같아요.

💬 좋은 이야기입니다. 용기도 필요하고, 또 무엇이 필요할까요?

- 내가 뭘 좋아하는지도 알아야 할 것 같아요. 그래야 용기 있게 선택하죠.

💬 맞아요! 자주적인 삶을 살아가려면 무엇보다 '나'를 잘 알고, 용기 있게 내 삶을 개척해 내야 해요. 이번 시간엔 여러분과 이 부분에 대해 깊이 탐색해 보려 합니다.

독서 후 활동

나의 강점과 약점 찾기

내가 원하는 삶을 살아가기 위한 첫 번째 단계는 '나'를 정확히 파악하는 것입니다. 나의 강점과 약점을 알고, 이를 선택의 기준으로 삼는 것이죠. 자신의 특기를 살려 야구선수가 되고, 망설임 없이 추운 나라로 떠난, 노를 든 신부처럼 말이죠. 그러나 학생들에게 이것은 결코 쉬운 일이 아닙니다. 나를 객관적으로 바라보고 구체적으로 평가해 본 경우가 거의 없기 때문입니다. 그래서 나의 강점과 약점을 찾을 때, 내 생각뿐 아니라 친구들의 의견까지 들어보는 시간을 가지면 좋습니다.

❶ 내가 생각하는 나의 강점과 약점

우선 지금의 나를 찬찬히 돌아보면서 강점과 약점을 정리합니다. 많은 학생들이 스스로의 약점은 재빨리 써내려 가는 반면에 강점 쓰기는 어려워하는 모습을 보입니다. 이때는 그림책 속 신부의 '노'처럼 아직 완성되지 않은 강점도 좋으니 자신이 가진 조그마한 강점이라도 적도록 독려합니다. 또한 두루뭉술하고 추상적으로 적지 말고 가능한 한 구체적으로 적게 합니다. 예를 들어 '운동을 잘한다'는 강점은 '달리기를 잘하고, 스피드가 좋다'로 표현하고, '성실하다'는 강점은 '할 일을 미루지 않고 약속을 잘 지킨다'로 표현하도록 합니다.

❷ 친구가 생각하는 나의 강점과 약점

이제 다른 친구가 생각하는 나의 강점과 약점을 들어볼 차례입니다. 각자 평소에 관찰한 내용을 토대로 친구의 강점과 약점을 적어 주는 활동이므로 그 전에 함께 지켜야 할 규칙부터 약속합니다. 최종적으로 이 활동은 자주적인 삶을 실천하기 위한 것이므로 외모 평가와 비난 조의 문장 쓰지 않기, 작성자 이름 반드시 밝히기 등의 규칙을 학생들과 함께 정합니다. 그다음 돌아가며 진지한 태도로 친구의 강점과 약점을 적는 시간을 가집니다. 친구의 약점에 대해 적는 것을 부담스러워하는 학생들도 있지만 그럴 때마다 학생들에게 이 활동이 서로를 비난하려고 하는 것이 아니라 자신을 잘 파악해 자주적인 삶을 살 수 있게 하는 것임을 강조합니다.

학급 인원수에 따라 모든 친구의 강점과 약점을 적지 못할 수 있습니다. 모둠이 돌아가며 적거나 의견을 나눌 친구를 미리 정해 줘도 좋습니다. 온라인 도구인 롤링페이퍼나 띵커벨 보드, 패들렛 등을 활용하면 더 즉각적인 의견 교환이 가능합니다.

내 삶의 주인 되는 '생활 약속'

친구들이 써 준 자신의 강점과 약점을 받고 나면 스스로 작성한 나의 강점과 약점과 비교하며 '현재의 나'를 객관적으로 정리합니다. 이 과정에서 학생들이 작성한 강점과 약점은 처음에 기록했던 것에 비해 훨씬 구체적이고 입체적으로 표현됩니다. 이것을 토대로 나의 강점을 발전시키고 약점을 보완하기 위한 노력을 떠올릴 수 있으며, 내 삶의 주인이 되기 위한 실천 약속 또한 정할 수 있습니다. 누구의 강요도 없이 '노를 든 신부'처럼 스스로 자신의 길을 정한 학생들의 약속은 다음과 같습니다.

이름	내가 추구하는 삶과 자주 실천 약속
김○○	'부지런히 노력하며 친절한 사람' 부족한 과목들을 일주일에 한 번씩 공부하겠습니다. 더욱 더 친절하고 밝은 모습으로 친구들에게 먼저 다가가겠습니다. 잘못된 점 하나하나 잡지 않고 조금이라도 단순하게 넘어가겠습니다.
오○○	'남에게 피해주지 않고 부끄럽지 않게 사는 사람' 욕을 안 하려고 노력하고 험한 말 나오는 유튜브 시청을 줄이겠습니다. 남과의 약속을 미루지 않고 시간을 잘 지키도록 노력하겠습니다. 하기 싫은 일이라도 미루지 않고 바로바로 하겠습니다.
박○○	'계획적이고 기록하는 사람' 기발한 발상이 떠오르면 흘려보내지 않고 기록하겠습니다. 계획을 세우면 포기하지 않고 끝까지 노력하겠습니다. 용돈 기입장에 빠지는 돈, 들어오는 돈, 순자산을 기록하겠습니다.
김○○	'꾸준히 연습하고 도전하는 사람' 하루에 한 번 이상 발표에 도전하겠습니다. 내 할 일을 더 열심히, 성실하게 하겠습니다. 타자 연습을 하루에 한 번씩 하겠습니다.

이렇게 활동지가 최종적으로 완성되면 당사자인 학생뿐 아니라 선생님과 친구들도 돌아가며 서명합니다. 서명 활동을 통해 학생들은 지금 정한 생활 약속이 '나와의 약속'인 동시에 '우리 모두의 약속'이라는 것을 깨닫게 됩니다. 공언의 효과를 확인하게 되는 것이지요. 학급 학생들의 실천 약속은 정리하여 교실 한쪽 잘 보이는 곳에 게시해 둡니다.

> 한 주의 시작인 월요일이나 마지막 날인 금요일에 자신이 작성한 실천 약속을 잘 지키고 있는지 체크리스트로 점검하게 해도 좋습니다. 스스로 반성하는 시간을 통해 꾸준한 실천이 이어지게 됩니다.

▶▶▶▶▶▶

앞으로 학생들은 끊임없이 나와 남을 비교하며 선택을 강요받는 순간을 맞이하게 될 것입니다. 그중 누군가는 남들과 다른 선택으로 무척이나 외로워질지도 모르겠습니다. 그때 학생들의 머릿속에 그림책 『노를 든 신부』가 떠오르기를 바랍니다. 노 하나를 들고 스스로 선택한 곳을 향해 당당히 떠나는 신부처럼 우리 학생들 역시 자신이 정한 실천 약속을 토대로 '내 삶의 주인'으로 우뚝 서길 응원합니다.

- 그림책 더 보기

1 슈퍼 토끼 (유설화 지음, 책읽는곰)
거북이와의 달리기 경주에서 진 토끼가 들려주는 이야기. 실패를 딛고 자주적으로 살아가는 법을 알게 해줍니다. 같은 작가의 책 『슈퍼 거북』과 함께 읽으면 더 좋습니다.

2 줄리의 그림자 (크리스티앙 브뤼엘 글, 안 보즐렉 그림, 박재연 옮김, 이마주)
남자다움, 여자다움과 같은 고정관념을 넘어 나답게 사는 것에 대한 고민을 마주하게 해주는 그림책. 우리는 모두 나다울 권리가 있다고 말해줍니다.

3 줄무늬가 생겼어요 (데이비드 섀넌 지음, 조세현 옮김, 비룡소)
주변의 시선을 의식하기보다 자신을 솔직하게 표현하는 것이 얼마나 중요한지 알려주는 그림책. 강렬한 원색과 다양한 무늬가 상상력을 자극해 줍니다.

4
환경을 생각하는 학급 약속

교실에서 생활하다 보면 분리배출이 참 쉽지 않다는 것을 알게 됩니다. 학생들은 여전히 아무렇게나 쓰레기를 버리고, 교사는 그 많은 쓰레기에 일일이 신경을 쓰지 못합니다. 알게 모르게 사용하는 각종 일회용품도 엄청납니다. 쓰레기를 줄이고 제대로 분리배출을 하는 등 일상에서 환경 보호를 실천하자는 약속을 학년 초에 해야 하는 이유가 바로 여기에 있습니다. 어떻게 하면 학생들이 환경을 생각하는 마음과 실천 의지를 자연스럽게 가질 수 있을까요?

이런 고민을 하는 선생님들께 조민희 작가가 쓴 『우리의 섬 투발루』를 소개합니다. 투발루는 남태평양 한가운데의 작은 섬인데 지구온난화로 해마다 해수면이 높아져 곧 사라질 위기에 처한 나라입니다. 환경 파괴가 계속된다면 우리도 언젠가 맞닥뜨릴 현실일지도 모릅니다. 이번 시간에는 『우리의 섬 투발루』를 통해 학생들과 환경보호에 대해 이야기하고, 우리가 할 수 있는 일을 찾아 실천을 다짐하는 수업을 합니다.

『우리의 섬 투발루』
조민희 지음, 크레용하우스

> 독서 전 활동

극과 극, 표지 이야기

『우리의 섬 투발루』의 앞표지와 뒤표지는 상반된 분위기를 보여줍니다. 표지 살펴보기 활동을 할 때는 전체 표지를 한 번에 보여주기보다 시간 차를 두고 앞표지와 뒤표지를 공개하는 것이 학생들의 상상력을 자극할 수 있어 좋습니다. 먼저 그림책 제목은 가린 채 앞표지부터 살펴봅니다. 맑은 바다에서 환하게 웃고 있는 아이들의 모습이 참 평화로워 보입니다. 어떤 내용의 그림책일 것 같은지 물어보면 '아이들이 섬에서 친구들이랑 노는 모험 이야기요.', '바닷가 마을에서 펼쳐지는 이야기요.' 등의 답변이 이어집니다. 대부분 밝은 분위기의 앞표지에 어울리는 즐거운 내용을 떠올리지요.

이번에는 책의 뒤표지를 보여줍니다. 갑자기 어두워진 바다 색깔을 보고 학생들이 살짝 놀라는 표정입니다. "이거 공포 이야기예요?"라며 묻는 친구도 있습니다. 어떤 상상이라도 좋습니다. 여기서 중요한 점은 학생들이 그림책에 흥미를 갖게 된다는 것이니까요.

표지를 보며 그림책에 대한 상상을 충분히 펼치게 한 다음 책의 제목을 공개합니다. 투발루에 대해 모르는 학생이 많다면 잠깐 사회과부도를 꺼내 섬나라인 투발루가 어디 있는지 찾아보게 합니다. 투발루의 위치를 찾는 과정에서 학생들은 오늘 읽을 그림책이 꾸며낸 이야기가 아니라 지금 우리와 함께 살아가는 사람들의 이야기라는 점을 자연스럽게 깨닫습니다.

독서 중 활동

이 그림책은 사라져가는 섬 투발루에 사는 주인공이 책을 읽는 독자들에게 투발루에 대해 이야기하듯 설명하는 방식으로 구성된 책입니다.

축구장만큼 넓은 새하얀 모래사장, 초록 풀라카잎, 높다란 코코넛 나무가 있는 아름다웠던 과거의 투발루와 비좁은 모래사장, 누런 풀라카잎, 코코넛 나무가 사라져 휑한 현재의 투발루가 대조를 이룹니다. 지구 온난화로 인한 투발루의 위기를 생생히 느낄 수 있습니다.

마음 단어 표현하기

점점 망가져 가는 투발루의 모습을 살펴보며 주인공의 마음에 공감하는 시간을 갖습니다. 학생들에게 '내가 만약 주인공이라면' 어떤 기분이 들지 하나의 단어 또는 문장으로 표현해 보도록 합니다. 짧고 강렬한 문구들로 주인공의 마음 단어를 표현해 보는 것이지요. 학생들이 찾은 주인공의 마음 단어는 다음과 같았습니다.

주인공의 마음을 한 단어로 표현해 봅시다.

무서워	답답하다	도망치고 싶어	서러워	걱정돼	답답해
절망스러워	살고 싶어	도와주세요	불안해	어려워	무섭다
두려워	슬퍼	살려줘	걱정돼	서러워	속상해
울고 싶어	무서워	사람들이 미워	답답해	걱정돼	무서워

학생들이 찾은 마음 단어.

각자 쓴 마음 단어들을 돌아가며 큰 소리로 외치게 했습니다. "답답해!" "살려줘!" 친구들의 외침이 마치 투발루 사람들의 간절한 외침처럼 들리면서 그 절박한 마음이 생생히 전해지는 것 같습니다. 그다음, 왜 이런 마음 단어를 썼는지 모둠별로 이야기 나누면서 투발루에서 살아가는 사람들의 마음에 좀 더 다가갑니다.

마음 단어	그렇게 생각한 이유
답답해!	이렇게 망가지고 있는 고향을 지킬 수 없어서 답답한 마음이 들 것이다.
살려줘!	이대로 살다가는 모두 바다에 빠져 죽을 수도 있기 때문이다.
울고 싶어!	제발 우리를 외면하지 말라고 울면서 절규하고 싶은 마음일 것이다.
불안해!	하루하루 가라앉는 곳에서 편안하게 살 수는 없다.
도와주세요!	세계 사람들이 우리를 외면하지 않고 도와주었으면 하는 바람이다.

투발루에게 묻습니다!

앞서 찾은 마음 단어를 바탕으로 '투발루에게 묻습니다!'라는 인터뷰 활동을 진행합니다. 주인공뿐만 아니라 투발루를 살아가는 모든 이들의 마음을 느껴보는 것입니다.

❶ 질문 만들기

우선 투발루 주민들에게 묻고 싶은 질문들을 만듭니다. 단순한 사실 확인 질문부터 내면을 들여다볼 수 있는 심도 깊은 질문까지 다양하게 만들 수 있도록 충분한 시간을 주는 것이 좋습니다. 인터뷰 활동의 성패는 '좋은 질문'에 달려 있다고 해도 과언이 아니기 때문에 이 과정에 공을 많이 들여야 합니다.

❷ 질문 점검하기

각자 만든 질문을 칠판에 붙이고 선생님과 함께 점검합니다. 어떤 질문이 있는지 읽어주면서 그중 가장 의미 있고 좋은 질문들을 골라봅니다. 왜 이런 질문을 하고 싶었는지 질문을 쓴 학생에게 물어보는 과정을 거칩니다. 질문을 점검하면서 너무 가볍거나 장난스러운 내용들을 걸러내고 양질의 질문들만 남겨 놓을 수 있습니다. 이 외에 또 생각나는 질문들이 있는지 확인합니다.

❸ 대표 질문 확정하기

앞선 활동에서 뽑은 질문들 중 우리가 꼭 묻고 싶은 대표 질문 4개를 선정합니다. 우리 반에서 뽑은 대표 질문은 다음과 같습니다.

- 투발루는 지금 어떤 고통을 받고 있나요?
- 투발루는 당신에게 어떤 의미입니까?
- 가라앉는 투발루에서 계속 살고 싶은 이유는 무엇입니까?
- 우리가 어떻게 도와주면 좋겠습니까?

대표 질문은 인터뷰 활동을 하면서 반드시 해야 하는 필수 질문들입니다. 이 외에 인터뷰 과정에서 즉흥적으로 하고 싶은 질문을 덧붙이도록 합니다.

❹ 짝꿍 인터뷰 활동

이제 짝꿍 인터뷰 활동을 진행합니다. 활동 전에 모두 잠깐 눈을 감도록 하고, 그림책 속 투발루를 떠올리면서 자신이 그곳의 주민이라고 상상해 보는 시간을 가집니다. 이 같은 심상화 작업을 거치면 인터뷰 활동에 더욱 몰입할 수 있습니다. 다음은 주민과 인터뷰어를 정할 차례입니다. 짝과 가위바위보를 해서 이긴 사람이 투발루 주민을, 진 사람이 인터뷰어를 합니다. 3분 동안 인터뷰어는 대표 질문을 포함해서 자신이 하고 싶은 질문을 짝에게 하고, 투발루 주민을 맡은 친구는 투발루에 사는 사람의 입장을 최대한 대변하며 대답합니다.

학생❶ 안녕하세요. 투발루 주민님. 인터뷰에 응해주셔서 감사합니다.
학생❷ 네, 안녕하세요. 반갑습니다.
학생❶ 질문을 드리도록 하겠습니다. 투발루는 현재 어떤 고통을 겪고 있나요?

학생❷ 투발루는 지구온난화와 환경 오염 문제로 점점 가라앉고 있습니다. 해수면이 상승해서 우리 섬이 파괴되고 있거든요.

학생❶ 저런! 너무 속상하시겠어요. 그런 고향을 바라보면서 어떤 감정이 드세요?

학생❷ 너무 화가 나고 억울합니다. 가라앉는 섬을 구할 방법이 뭐가 있을지 고민되고요.

이처럼 질문하고 답하는 활동을 통해 학생들은 투발루에 사는 사람들에게 공감할 수 있고 주인공의 일을 마치 나의 일처럼 인식하게 됩니다. 깊은 공감은 환경 보전에 대한 문제의식으로 이어집니다.

❺ 전체 인터뷰 활동

짝과 인터뷰 활동을 한 후, 소감을 듣는 것으로 마무리해도 되고 시간적 여유가 된다면 전체 인터뷰 활동을 한 번 더 해도 좋습니다. 짝 인터뷰 활동에 깊이 몰입해서 열심히 수행한 친구 몇몇을 앞으로 초대해 질문과 답을 하게 합니다. 친구들의 대답을 들으면서 '아, 저 친구는 저렇게 생각했구나' 알게 되고, 자신이 미처 깨닫지 못한 부분을 확인하는 기회를 갖게 됩니다.

> 독서 후 활동

교실 속 환경 약속 정하기

인터뷰 활동을 마치고 나면 투발루가 처한 상황에 학생들은 저마다 안타까움을 표현합니다. 이러한 마음이 그저 단순한 공감에 머물지 않도록 지금 우리가 실천할 수 있는 것을 찾는 연계 활동을 합니다. 투발루 사람들을 도울 방법을 생각할 수 있게 관점을 전환해 주는 발문을 하고 '교실 속 환경 약속 정하기' 활동을 이어 갑니다.

온라인 협업도구인 '알로(ALLO)'를 활용하여 학생들의 의견을 수합합니다. 교실 환경에 따라 패들렛, 띵커벨 보드를 활용하거나 육각 씽킹보드, 포스트잇을 사용해도 됩니다.

❶ 환경 파괴의 주범 찾기

투발루를 괴롭히는 지구온난화를 비롯한 환경 파괴의 주범을 먼저 찾아봅니다. 그동안의 경험과 각자 알고 있는 정보를 모아 모둠별로 환경 파괴의 다양한 주범들을 써 봅니다. 우리 모둠이 입력하려고 했던 내용을 다른 모둠에서 먼저 입력했다면 '좋아요' 스티커를 클릭해서 같은 내용이 얼마나 모였는지 확인합니다. 학생들이 찾은 내용을 다 적고 나면 모둠발표를 통해 각 모둠에서 쓴 내용을 돌아가며 나눕니다. 좀 더 자세한 내용이 필요하면 선생님이 짚어주어도 좋습니다.

학생들이 찾은 환경 파괴의 주범.

❷ 우리가 실천할 수 있는 일 찾기

학생들은 앞선 활동을 통해 일회용품 사용, 지나친 에너지 낭비 등 우리가 무심코 하고 있는 많은 것들이 환경 파괴의 주범이라는 사실을 깨닫게 됩니다. 이제는 환경 파괴로 가라앉는 투발루를 위해 우리가 실천할 수 있는 일을 찾아봅니다. 모둠별로 인터넷이나 책, 교과서 등에서 우리가 환경 보전을 위해 할 수 있는 일을 찾아 정리하도록 합니다. 이때, 너무 거창한 내용보다는 우리가 실제로 실천할 수 있는 일을 찾도록 하며 3개 정도의 사항으로 요약하게 하는 것이 좋습니다.

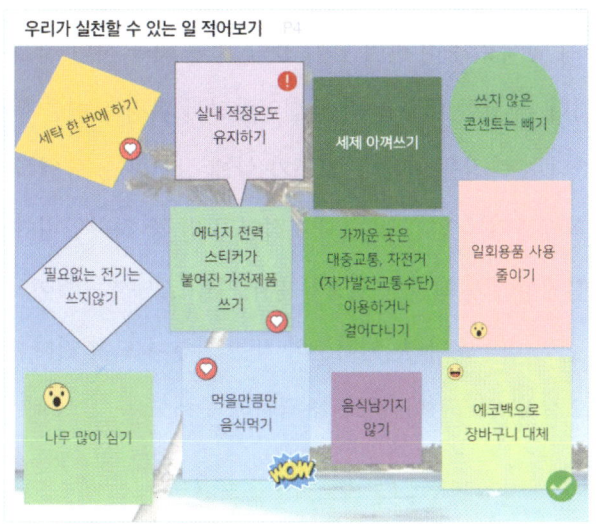

환경을 위해 우리가 실천할 수 있는 일.

❸ 실천 사항 공유하기

학생들이 실천할 수 있는 일을 적었다면 이제 각 모둠이 쓴 내용을 공유하고 발표합니다. 재활용품 분리배출 하기, 가까운 곳은 걸어 다니기, 일회용품 줄이기, 나무 많이 심기, 음식 남기지 않기 등 학생들이 적은 다양한 의견을 공유하고 나눕니다. 발표하고 공유하는 과정에서 학생들은 지구온난화를 극복하기 위해 우리가 실천할 수 있는 일이 이렇게 많다는 것을 느끼게 됩니다.

❹ 행복한 투발루 만들기 선언식

　모든 활동을 마치고 나면, 마지막으로 행복한 투발루 만들기 선언식을 진행합니다. 학생들이 기록한 '우리가 실천할 수 있는 일' 중에 실제로 우리 반이 함께 할 수 있는 일을 서너 개 정도 선정합니다. 선정한 내용을 함께 선언하면서 환경 보전을 위해 노력하겠다는 다짐을 합니다. 모두가 함께 선언하는 '공언하기' 활동은 학생들의 실천을 돕는 대표적인 방법 중 하나입니다. 선언식이 진지하게 진행될 수 있도록 분위기를 조성하는 것이 중요합니다. 선언식이 끝나면 "여러분의 작은 실천이 모여 커다란 변화를 일으킬 수 있습니다."라고 꼭 격려해 주세요.

▶▶▶▶▶

　이렇게 함께 정한 환경 약속은 학생들이 쓰레기를 버리고 분리배출 하는 교실 공간에 잘 보이도록 인쇄해서 게시해 주세요. 『우리의 섬 투발루』 표지를 함께 붙여두면 더욱 좋습니다. 쓰레기를 버릴 때마다, 분리배출을 할 때마다 투발루 사람들을 떠올리게 될 테니까요. 환경을 위한 내 작은 행동이 결코 의미 없는 일이 아니라는 사실을 학생들은 환경 약속을 보고 지킴으로써 몸과 마음으로 이해하게 될 것입니다.

● 그림책 더 보기

1 안녕, 폴 (센우 지음, 비룡소)
지구온난화로 인해 달라진 환경 속에서 버려진 알들을 돌보던 아기 펭귄 폴이 사람들의 도움으로 알을 지켜 내고 사람들과 어우러져 살아가는 이야기입니다.

2 그레타 툰베리가 외쳐요 (자넷 윈터 지음, 정철우 옮김, 꿈꾸는섬)
스웨덴에 사는 15살, 그레타 툰베리의 이야기를 담은 그림책. 금요일마다 '기후를 위한 등교 거부' 팻말을 들고 국회 앞에 서 있던 한 소녀의 조용한 외침이 사람들에게 깊은 울림을 줍니다.

3 30번 곰 (지경애 지음, 다림)
지구온난화로 북극의 빙하가 녹아 살 곳이 사라진 북극곰. 생존을 위해 도시 사람들의 반려동물이 된 30번 곰이 겪는 이야기를 통해 지구의 안녕을 생각해 보게 됩니다.

5
잔반 없는 급식 약속

학교생활의 가장 큰 즐거움 중 하나를 꼽으라고 하면 급식시간을 빼놓을 수 없습니다. 급식을 맛있게 먹고 나면 오전 수업으로 쌓인 피로가 싹 가시는 듯한 느낌이 들지요. 하지만 선생님들에게 급식 시간은 생활교육의 연장선에 있습니다. 끊임없이 급식 교육을 해야 하고, 잔반을 남기지 않도록 신경 써야 합니다. 골고루 먹으라고 잔소리를 하다가 아까운 급식 시간을 다 써버리기도 합니다.

이런 불상사를 방지하려면 학년 초에 학생들과 함께 우리 반이 지켜야 할 급식 약속을 정해 보세요. 이때 함께 읽기 좋은 그림책이 바로 『모모모모모』입니다. 볼로냐 라가치상 스페셜 멘션에 빛나는 작품 『모모모모모』를 통해 쌀이 어떤 과정을 거쳐 우리 밥상에 올라오게 되는지, 그리고 그 안에 얼마나 많은 노력이 녹아 있는지 살펴봅니다.

『모모모모모』
밤코 지음, 향출판사

> 독서 전 활동

수수께끼 같은 제목

그림책의 표지부터 살펴볼까요? 그림책의 표지에는 밀짚모자를 쓴 농부 아저씨가 있고 『모모모모모』라는 제목이 크게 쓰여 있습니다. 그림과 제목이 선뜻 연결되지 않아 '이게 뭐지?' 궁금증을 자아내는 표지입니다.

학생들에게 먼저 제목부터 공개합니다. '모모모모모'라는 다섯 글자만 주고 무엇인지 생각해 보라고 하니 재미있는 대답들이 쏟아집니다. "뭐뭐뭐뭐뭐? 귀가 어두워서 이렇게 묻는 거예요.", "네모와 관련된 이야기 같아요!"부터 "우리나라 말은 맞나요?"라고 되묻는 친구들도 있습니다. '모모모모모' 다섯 글자만으로도 학생들의 표정에는 장난기 넘치는 웃음이 가득해집니다.

6. 모두 함께 약속하기

어느 정도 추측이 끝나면 표지 그림도 함께 공개합니다. 몇몇 오답들이 나오다가 "농부 아저씨니까 모내기의 '모'인가 보다!" 하는 눈치 빠른 학생의 대답이 나옵니다. 그제야 나머지 친구들도 "아! 맞네!" 하며 맞장구를 치지요. 이렇듯 제목만 보고도 흥미진진한 대화가 오가는 그림책입니다.

> **독서 중 활동**

『모모모모모』는 우리말의 위대함과 재미를 한껏 느낄 수 있는 책입니다. 첫 장은 제목처럼 '모모모모모' 다섯 글자로 시작합니다. 농부 아저씨와 모판 다섯 개가 나란히 있습니다. 다음 장을 넘기면 '내기내기내기'로 이어집니다. 그림 속 농부 아저씨도 열심히 모내기를 하지요. 모내기가 생소한 학생들이 있다면 이 그림이 무엇인지 간단히 설명해 줄 수도 있습니다. 농부 아저씨의 농사 과정은 끊임없이 이어집니다. 이 과정에서 학생들과 함께 농부 아저씨의 감정과 마음을 살펴볼 수 있지요. 특히 이 책은 장면마다 나오는 말도 재미있지만 그림 속에서 작가의 아이디어를 찾아내는 것도 참 재미있습니다. 수확한 벼가 탈곡기를 거쳐 쌀이 되는 장면에서는 쌀포대 색이 황금색에서 점점 하얗게 변해갑니다. 이 그림을 보며 현미와 백미의 차이에 대해서도 이야기할 수 있습니다. 학생들이 실제로 보기 어려운 '낫'이나 '탈곡기'가 무엇인지에 대해 이야기 나누기에도 좋습니다. 그림책을 모두 읽고 나면 마치 내가 농부가 되어 쌀을 수확한 듯한 느낌이 들 정도입니다.

릴레이 농사짓기

벼를 쌀밥으로 만들어 맛있게 먹는 장면을 읽기 전에 잠깐 그림책을 덮고 지금까지의 농사 과정을 되새겨 봅니다. 모내기, 피뽑기, 추수하기, 탈곡하기 등 다양한 장면들이 재기발랄한 글자들로 표현되어 있지요. 학생들과 농사 과정을 머릿속에서 정리하고, 농부의 마음도 느껴볼 겸 진행하는 놀이가 하나 있습니다. 바로 '릴레이 농사짓기'입니다. 릴레이 농사짓기는 '이종대왕'으로 유명한 이종혁 선생님의 릴레이 짝찾기를 응용한 놀이로 학생들이 매우 즐겁게 참여하는 책 놀이 중 하나입니다. 놀이 방법은 다음과 같습니다.

① 모둠별로 A4 용지를 두 장씩 나눠줍니다. 종이는 16조각을 만들어 각자 4장씩 나눠 갖습니다. (4인 1모둠 기준)
②『모모모모』의 글자를 떠올리며 농사 과정을 생각해 봅니다.
(모내기 → 피뽑기 → 추수하기 → 탈곡하기)

③ 모둠원이 각자 농사 과정 중 하나를 맡아 자신의 종이에 다음과 같이 씁니다.

모둠번호	종이에 쓸 글자			
모둠 1번	모	모	모	모
모둠 2번	피	뽑	피	뽑
모둠 3번	벼	볍	벼	볍
모둠 4번	벼	벼	탈	탈

④ ③을 두 번씩 접습니다. 모든 모둠의 종이를 한데 섞어서 교실 중앙 바구니에 넣어 놓습니다.

⑤ "시작!" 소리와 함께 각 모둠의 1번 학생이 바구니에서 종이를 뽑아 펼칩니다.

⑥ 위와 같은 방식으로 2~4번 학생도 종이를 뽑습니다.

⑦ 모둠 1번의 차례가 다시 돌아오면 네 장의 종이를 비교해 세트가 아닌 종이를 반납하고 다시 새로운 종이를 뽑아옵니다. (예: 우리 모둠이 뽑은 종이가 '모' '모' '모' '뽑' 이라면 '뽑'을 반납하고 새로운 종이를 뽑습니다)

⑧ 차례대로 위 행동을 반복하다가 한 세트를 완성하면 해당 단어를 외치면서 손머리를 합니다. (예: '모' '모' '모' '모' 한 세트가 모이면 "모모모모!" 하고 손 머리)

⑨ 선생님의 확인을 받고 점수 10점을 얻습니다. 다시 새로운 도전을 이어갑니다.

⑩ 제한 시간 동안 가장 많은 점수를 얻은 모둠이 승리합니다.

이 놀이는 아주 단순하지만 학생들의 집중도와 몰입도가 매우 높은 활동입니다. 또한 끊임없이 농사와 관련된 글자를 찾아가는 과정에서 자연스럽게 농사를 이해하게 되고, 끈기 있게 한 세트를 찾으려 노력하는 모습도 갖게 되지요. 놀이 활동이 끝나고 "농사짓기 쉬웠나요?"라고 물으면 너나 할 것 없이 "농사짓는 거 진짜 어려워요!"라고 대답합니다. 간단한 놀이 활동임에도 불구하고 농사는 이처럼 반복적이면서도 오랜 노력이 필요하다는 것을 간접적으로 느낄 수 있지요.

다섯 글자로 말해요

'릴레이 농사짓기' 활동에 이어 쌀을 바라볼 때 농부의 마음을 상상해 보는 시간을 가집니다. 어렵사리 벼농사를 지어 맛있는 쌀밥을 밥상 위에 올렸을 때 농부의 마음은 어떨지 예상해 보고 『모모모모모』처럼 다섯 글자로 표현해 보는 것입니다. 우리 학생들은 이렇게 농부의 마음을 표현했습니다.

럽럽럽럽럽	쌀을 보면 사랑이 샘솟을 것 같다. 그래서 LOVE가 계속될 것이다.
뿌드으으읏	이게 진짜 내가 지은 쌀이라니 하면서 뿌듯해할 것 같다.
감도오오옹	내 고생과 노력이 들어갔으니 잘 먹는 모습을 보면 감동받을 것이다.
뿅뿅뿅뿅뿅	좋아하는 것을 보면 '뿅' 가는 것처럼 쌀을 보며 뿅 갈 것 같다.

제법 그럴듯하지요? 이 과정에서 학생들은 자연스럽게 농부의 마음을 생각해 보며 지금껏 편하게 먹었던 밥과 반찬들을 다른 시선으로 바라보게 됩니다.

잔반 없는 급식 약속 정하기

그림책의 남은 부분을 모두 읽고 난 뒤, 마지막으로 가장 중요한 '잔반 없는 급식 약속'을 함께 정하는 시간을 가집니다. 이전 활동으로 농사 과정과 농부의 마음을 충분히 들여다보면서 "우리가 먹는 급식을 남기면 안 된다."라는 공감대는 어느 정도 형성되어 있습니다. 음식을 식탁 위에 올리기까지 엄청난 노력과 과정이 필요하고, 또 그것을 위해 힘쓰는 분들에게 감사하는 마음으로 먹어야 함을 이해했기 때문이지요.

❶ 잔반의 원인 찾기

먼저 '우리가 왜 밥과 반찬을 남기는가'에 대해 학생들끼리 토의합니다. 짝과 먼저 이야기를 나누고 모둠별로 의견을 모아 발표합니다. 각자의 생각을 충분히 말하고 듣는 과정에서 잔반의 원인을 합리적으로 찾을 수 있기 때문입니다. 모둠별로 발표한 잔반의 원인은 대략 세 가지였습니다.

- 평소 먹지 않았던 음식이 나오는 경우 남기게 된다.
- 내가 먹는 양보다 많이 받으면 남기게 된다.
- 맛있을 줄 알고 많이 받았는데 막상 먹어 보니 입맛에 맞지 않아서 남기게 된다.

❷ 잔반의 해결방안 찾기

잔반의 원인이 명확해졌으니 이를 해결할 방법도 쉽게 찾을 수 있습니다. 모둠별로 원인을 살펴보고 해결 방안을 강구하게 합니다. 세부적인 사항이 약간씩 다르기는 하지만 전체적으로 각 모둠이 찾은 해결 방안들은 다음과 같이 정리되었습니다.

- 편식은 나쁜 것이니 아주 조금만 받아서 그것만큼은 꼭 먹는다.
- 양이 많으면 덜어달라고 말씀드린다.
- 욕심내지 말고 일단 먹을 수 있는 만큼만 받은 뒤, 맛있으면 더 받는다.

❸ 급식 약속 정하기

함께 찾은 원인과 결과를 바탕으로 우리 반이 반드시 지켜야 할 급식 약속을 결정했습니다. 선생님의 잔소리가 없어도 스스로 지킬 수 있는 약속들로 구성하도록 했고, 모두가 함께 동의하는 항목으로 간단하게 넣도록 했지요. 그 결과 우리 반의 급식 약속은 이렇게 정해졌습니다.

> - 밥과 반찬을 남기지 않는다.
> - 먹을 만큼만 받는다.
> - 최대한 편식하지 않고 골고루 먹는다.

급식시간 내내 선생님이 학생들에게 이야기하는 내용과 놀랍도록 일치하지요? 모두가 다 아는 내용이지만 이렇게 함께 의견을 말해서 약속을 정하는 순간, 이 약속은 학급 규칙이 되어 상당한 구속력을 가지게 됩니다. 잔반을 남기지 않기 위한 학생들의 눈물겨운 노력이 이어지는 것을 보면 알 수 있습니다.

실천하고 점검하기

학생들은 함께 정한 약속을 돌아가면서 점검하고 꾸준히 실천하였습니다. 학급 내 '의미 있는 역할' 중 음식 확인팀은 친구들이 잔반을 남기지 않도록 독려했고, 잔반을 남기지 않으면 급식 약속판에 스티커를 붙여서 실천 의지를 다졌습니다. 그 결과 놀라우리만큼 잔반이 사라졌고, 편식하는 학생들도 눈에 띄게 줄었습니다.

학생들이 점검하고 실천한 급식 약속판.

▶▶▶▶▶

"반찬 남기지 마라!" 잔소리를 하기 전에 학생들이 농사의 어려움과 농부의 마음을 느끼게 해주세요. 그리고 스스로 약속하고 실천할 수 있도록 독려해 주세요. 그러면 어느새 『모모모모모』의 뒤표지에 있는 말처럼 학생들이 행동하고 있을 거예요. '다먹었다 방심말고 남은밥톨 떼어먹자!'

• 그림책 더 보기

1 바삭바삭 갈매기 (전민걸 지음, 한림출판사)
과자에 중독된 갈매기들! 새로운 맛에 빠져 본래의 입맛을 잃어버린 갈매기들은 과연 무사할 수 있을까요? 편식에 대해서도 이야기 나눌 수 있는 그림책입니다.

2 햄버거가 된 베니 (앨런 듀런트 지음, 애플비)
다른 것은 먹지 않고 오로지 햄버거만 먹다가 어느 날, 햄버거가 되어버린 베니! 편식과 영양에 대해 생각해 볼 수 있는 그림책입니다.

3 멸치 챔피언 (이경국 지음, 고래뱃속)
자연식품과 정크푸드의 한판 승부! 흥미진진한 대결과 감칠맛 나는 중계가 어우러져 재미있게 읽다 보면 건강한 식습관이라는 주제와 자연스럽게 연결됩니다.

• 이럴 땐 이렇게 •

학년 말에 함께 읽기 좋은 그림책

지금까지 학년 초나 학기 중에 다루면 좋은 그림책과 활동들을 소개해 드렸습니다. 마지막으로 학년 말, 헤어짐을 앞둔 시기에 나누면 좋은 그림책도 소개해 드리려고 합니다. 1년 동안 함께 지낸 친구들에게 그림책으로 따뜻한 격려와 응원의 메시지를 담아 인사를 전해 보세요.

1 친구의 전설 (이지은 지음, 웅진주니어)

이지은 작가의 『친구의 전설』은 『팥빙수의 전설』과 함께 제목만큼이나 '전설적인 작품'이 된 그림책입니다. 학생들과 함께 읽으면서 그간 못 했던 말을 하기에 안성맞춤인 작품이기도 합니다.

이야기는 단순합니다. 성격 고약한 호랑이는 친구 한 명 없는 외톨이입니다. 그러던 어느 날, '따끔'한 통증과 함께 호랑이 꼬리에 민들레 하나가 붙게 됩니다. 호랑이와 민들레는 매일 투닥거리며 다투면서 둘도 없는 친구가 되어가죠. 민들레 덕분에 호랑이는 숲속 친구들과도 화해하게 되고요. 하지만 시작이 있으면 끝도 있는 법. 민들레가 호랑이 꼬리에 갑자기 붙은 것처럼 이별의 순간도 갑자기 찾아오게 됩니다.

이처럼 『친구의 전설』은 저절로 웃음이 터지는 유쾌함과 가슴 찡한 감동이 함께 하는 그림책입니다. 스토리에 몰입해서 천천히 읽다 보면 예상치 못한 반전에 눈물이 찔끔 나기도 하지요. 그러면서 내 주변 사람들과 친구들을 생각해 보게 됩니다. 좋든 싫든, 호랑이와 민들레처럼 1년 내내 붙어 있던 우리 반 친구들에게 『친구의 전설』을 읽어 주세요. 그리고 어느덧 맞이한 이별의 순간에 서로에게 못 했던 응원과 격려의 메시지를 남기게 해주세요. 헤어짐의 섭섭함 속에서도 따뜻하게 피어나는 우정이 교실을 마지막까지 훈훈하게 만들어 줄 것입니다.

독서 전	그림책 표지 살피기: 두 주인공의 사이가 어떤지 예상해 보기
독서 중	실감 나게 읽기: 호랑이와 민들레로 나누어 실감 나게 읽어 보기
독서 후	감정 나누기: 그림책 다시 살피며 인상 깊은 장면과 그 장면에서 강렬하게 느낀 감정 생각하기(도란도란 스토리텔링 카드 활용) - 함께 공유하기
	생각 나누기: '친구' 하면 생각나는 것 그리기 - 왜 그렇게 생각했는지 간단하게 쓰기 - 좋은 친구란 어떤 것인지 생각하기 - 나의 모습 돌아보기
	편지 쓰기: 호랑이가 되어 민들레에게 편지쓰기 - 『친구의 전설』 엽서 만들어서 친구에게 전달하기

2 넘어 (김지연 지음, 북멘토)

김지연 작가의 『넘어』는 세상에서 가장 따뜻한 '너만을 위한 응원'을 담은 그림책입니다. 그림책을 펼치면 한 아이가 쪼그려 앉아 있습니다. 아주 우울한 표정으로요. 그 옆에서 작은 악마 하나가 속삭입니다. "잘

안 될 거야. 그냥 하지 마!" 이 말 때문일까요? 아이는 끊임없이 갈등하고 고민합니다. '나갈까? 말까?' '인사할까? 말까?' '어울릴까? 말까?' '할까? 말까?' 고민이 깊어질수록 아이는 아무것도 하지 않는, 아니 아무것도 하지 못하는 사람이 되어 버리고 말죠. 활기차고 유쾌한 친구들 사이에서 아이는 점점 외톨이가 되어갑니다. 그러던 어느 날, 아이는 높이뛰기 장대 앞에 섭니다. 언제나 그랬듯 그 앞에서 주저하고 있는데 뒤에서 선생님과 친구들의 목소리가 우렁찬 들려옵니다.

"넘어!"

이 소리와 함께 아이는 마치 마음속 장대를 넘듯이 높이뛰기 장대를 훌쩍 뛰어넘습니다. 장대를 뛰어오르는 순간 느껴지는 상쾌함, 머릿속을 스쳐 지나가는 선생님과 친구들의 웃는 얼굴…. '털썩!' 하고 장대를 넘어 매트 위에 떨어질 때, 아이는 예전과는 완전히 다른 새로운 사람으로 훌쩍 성장해 있습니다.

이 그림책을 보면서 꼭 교실 속 우리 이야기 같다는 생각이 들었습니다. 매일, 매주, 매달, 매년 있는 여러 미션을 차근차근 해결하며 어떻게든 성장하는 학생들, 그리고 그런 아이들을 격려하고 응원하는 선생님들의 모습이 장대를 뛰어넘는 아이의 모습과 오버랩됐거든요. 『넘어』를 함께 읽으며 다사다난했던 한 해를 함께 '넘은' 아이들에게 응원의 메시지를 전달해 보세요. 또 아이들끼리 서로의 어깨를 토닥이며 "그래도 네 덕분에 잘 넘겼다!" 격려하게 해주세요. 헤어짐이 얼마 남지 않은 학년 말, 의미 있고 따뜻한 시간이 될 것입니다.

독서 전	그림책 내용 예상하기: '무엇을 넘는 것일까?' 생각해 보기
독서 후	감정 나누기: '할까? 말까?' 나를 고민하게 하는 상황과 순간 떠올리기 – 그때의 감정과 그 이유 나누기
	서로를 위한 응원 메시지: 내가 생각하는 세상에서 가장 따뜻한 응원 떠올리기 – 롤링페이퍼 활동하기

부록 1

그림책 학급경영 Q&A

그림책 학급경영에 관심 있거나 조금씩 시도 중인 선생님, 그림책으로 학급 세우기에 관심 있는 선생님들이 자주 궁금해하는 질문을 모았습니다.

Q. '그림책 학급세우기'는 학년 초에만 할 수 있나요?

학급의 토대를 닦는 데 있어 학년 초인 3월 한 달은 담임교사라면 누구나 중요하게 생각하는 시기입니다. 그림책으로 학급 세우기 역시 학년 초에 하는 것이 원칙입니다. 다만, 이 책에서 소개하는 활동들을 꼭 학년 초에만 할 수 있는 것은 아닙니다. 학급이 흔들릴 때, 어울리는 교과수업이 있을 때, 특별한 계기교육이 필요할 때, 언제든지 응용해서 적용할 수 있습니다. 중요한 것은 그림책을 통해 학생들과 돈독한 래포를 형성하는 데 있으니 1년 내내 다양하게 활용해 보세요.

Q. 그림책 준비는 어떻게 하나요?

이 부분은 학교의 상황이나 여건에 따라 조금씩 다를 텐데요. 대부분 학교 도서관이나 지역 도서관을 활용해 필요한 그림책을 빌리는 편입니다. 다만, 대여한 그림책의 경우 그림책 표지나 띠지가 갖는 온전한 매력을 느낄 수 없는 경우가 있으니 이 점을 유의하는 것이 좋습니다. 가능하다면 자주 쓰는 그림책들은 개인적으로 따로 구입해 놓는 것을 추천드려요.

Q. 그림책이 한 권밖에 없는 경우, 반 전체에게 어떻게 읽어주는 것이 좋을까요?

그림책을 전체에게 읽어주는 가장 좋은 방법은 실물로 학생들에게 보여주면서 읽는 것입니다. 그래야 그림책의 판형과 색감 등을 온전히 느낄 수 있기 때문이지요. 하지만 학생 수가 많은 경우 뒤에 앉은 학생은 책이 잘 보이지 않아 내용에 집중하기 힘들다 보니 분위기가 금세 어수선해지기도 합니다. 이때는 실물화상기나 PPT를 활용해서 읽어 준 뒤, 학생들이 그림책의 실물을 확인할 수 있게 교실 한편에 일정 기간 비치해 주세요. 쉬는 시간에 옹기종기 모여서 그림책을 다시 한번 읽는 예쁜 모습을 볼 수 있습니다.

Q. 그림책의 발문이 매번 어렵게 느껴집니다. 발문은 언제, 어떻게 하는 것이 효과적일까요?

독서 중 발문은 언제, 어떻게 할 것인지를 미리 계획해 놓아야 합니다. 그래야 스토리의 몰입을 방해하지 않으면서도 학생들의 호기심이나 생각을 자극할 수 있거든요. 이야기가 절정에 이르렀을 때, 또는 아주 인상 깊은 장면이 나왔을 때 잠시 그림책을 덮고 질문을 던지세요. 지금까지 읽은 내용과 관련 있는 여러 가지 경험과 생각을 이끌어 내는 과정에서 다음에 펼쳐질 내용이 더욱 궁금해지곤 합니다. 학생들에게 던지는 질문의 종류는 단순한 사실 확인으로 시작해 상상, 적용, 종합 질문으로 확장해 나가면 좋습니다.

질문 만들기	사실	사실	~이 ~인가?	행동	누가 무엇을/어떻게 했니?
		의미	~는 무슨 뜻인가?	결과	어떤 일이 일어났니?
		느낌	~일에서 너의 느낌은?	비교	어떤 차이가 있니?
		의견	네 생각은? 너의 선택은?	장단점	~을 했을 때 어떤 장단점이 있니?
	상상	가정	~가 ~였다면?	방법	어떻게 해야 할까?
		원인	왜 ~했을까? ~ 원인은?	감정	어떤 마음이었을까?
		생각	어떤 생각이었을까?	가치	~가 중요할까?
	적용	선택	너(나)라면 어떻게 행동/선택할 것인가?		
		판단	너(나)는 ~가 한 행동이 적절한 행동이라고 생각하니?		
		가치	너(나)에게 중요한 것은 무엇이며 어떻게 살 것인가?		
		생각	네(내)가 ~라면 ~ 할 것인가?		
	종합	요약	이야기를 간단히 요약해서 말하기		
		느낌	전체 이야기를 읽고 난 내 느낌 말하기		
		가르침	가장 많이 떠오른 생각과 나에게 주는 가르침은?		
		변경	내가 주인공이 되어 이야기를 다르게 만들어 보기		

Q. 그림책은 주로 언제 읽어 주나요?

학급 운영을 위한 그림책 읽기는 주로 창체 시간을 활용하며, 교육과정 재구성을 통해 교과와 연계해서 읽기도 합니다. 수업 따로, 학급 운영 따로, 그림책 읽기 따로, 이렇게 따로따로 운영하면 선생님이 힘들어집니다. 최대한 수업과 학급 운영과 연계해 자연스럽게 그림책을 읽는 시간을 마련해 보세요.

Q. 독서 전 활동은 꼭 해야 하나요?

표지 읽기, 제목 맞히기와 같은 독서 전 활동을 반드시 할 필요는 없습니다.

학생들에게 간단히 그림책의 표지와 제목을 소개하고 바로 책 읽기를 해도 괜찮습니다. 상황에 따라서 융통성 있게 조정해 주세요.

Q. 독서 활동으로 무엇을 하면 좋을지 잘 떠오르지 않을 때가 있어요. 아이디어를 떠올리고 구체화할 수 있는 좋은 방법이 있나요?

독서 활동은 그림책과 긴밀하게 연계되어야 합니다. 그림책의 주제를 살릴 수 있는 활동을 고민하되, 복잡하지 않은 것이 좋습니다. 그림책을 활용한 학급 경영과 수업의 본질은 작품과 '나'를 연결하는 것이기 때문에 최대한 내 생각을 많이 말하고, 다른 친구의 이야기를 듣는 기회를 제공하는 것에 방점을 찍는 것이 좋습니다. 본문의 모든 활동도 경험 나누기, 생각 말하기, 토의토론으로 이뤄져 있습니다. 굳이 화려하지 않아도 괜찮아요. 교과와 연계해서 진행하면 독서 후 활동을 구체화하기 좋습니다. 그림책을 선정한 뒤, 교과서 내용을 검토하면서 그림책과 연계할 수 있는 차시나 단원을 찾아보세요. 교과서 지문만 그림책으로 바꿨을 뿐인데 놀라울 만큼 몰입감 있는 수업을 진행할 수 있습니다.

Q. 그림책과 함께 활용하면 좋은 교구가 있나요?

본문에서도 여러 번 소개했듯이 이미지 카드, 감정 카드를 모둠 수만큼 넉넉히 구비해 두면 좋습니다. 그림책에 대한 자기 생각과 감정을 표현할 때 교구를 활용하면 훨씬 다양하고 풍성한 이야기를 이끌어 낼 수 있습니다. 이미지 카드는 '도란도란 스토리텔링 카드'를, 감정 카드는 '옥이샘의 감정툰 카드'를 추천합니다.

Q. 함께 읽은 그림책은 학급 문고에 비치해야 하나요?

수업 시간에 함께 읽은 그림책은 일정 기간 교실에 비치하는 것이 좋습니다. 이때, 여러 책들 사이에 무작위로 섞어 놓기보다는 앞표지가 보이도록 칠판에 세워 놓거나 미니 이젤을 활용해 별도 전시하는 것을 추천합니다. 그래야 학생들의 시선을 사로잡고, 오래 관심을 끌 수 있으니까요.

Q. 원하는 주제의 그림책은 어떻게 찾나요?

내가 원하는 주제의 그림책을 찾는 가장 좋은 방법은 평소에 그림책에 관심을 갖고, 직접 다양한 작품을 접해보는 것입니다. 가능하다면 동료 선생님들과 정기적으로 그림책 모임을 가져 보세요. 기대한 것보다 훨씬 더 많은 것을 얻을 수 있을 것입니다. 필요에 따라 '그림책 박물관'이나 '가온빛'과 같은 그림책 소개 사이트를 활용해도 좋습니다. 특히 '그림책 박물관'의 경우, 주제가 비슷한 그림책들을 묶어서 소개하고 있으니 원하는 그림책을 빠르고 쉽게 검색하는 데 많은 도움이 될 것입니다. 또한 월별로 그림책을 살펴보고 싶은 분들을 위해 저희 '수업친구 더불어숲'에서 추천하는 그림책 목록을 QR 코드로 공유해 드립니다.

월별 그림책 모음

부록 2
학급 유형별 4주 계획

이 책에 소개된 그림책과 활동을 학급 세우기 기간에 모두 소화하는 것은 사실 어려운 일입니다. 선생님의 교육 철학과 학급 환경에 맞게 적절히 재구성해 운영하는 것이 무엇보다 중요합니다. 아래는 '수업친구 더불어숲'이 추천하는 유형별 4주 계획 구성안입니다. 학급 세우기를 계획할 때 참고하시기 바랍니다.

❶ '서로를 응원하는 반'을 꿈꾼다면?

주	추천 그림책	추천 활동
1주	『인사』	- 인사의 중요성 알기 - 다양한 인사 놀이
	『진짜 내 소원』	- 초성놀이로 즐거운 자기소개 하기
2주	『저마다 제 색깔』	- 감정과 색깔 연결하기 - 나의 상징색 찾고 자랑하기
	『완두』	- 나의 꿈 찾기 - 서로의 꿈 응원하기
3주	『말 상처 처방전』	- 상처 되는 말 vs. 말 상처 처방전 - 친구를 위한 말 상처 처방전 쓰기
	『살아 있다는 건』	- 내가 놓쳤던 감사의 순간 찾기 - '고마워요 프로젝트' 일주일 진행하기
4주	『최고의 차』	- 우리를 행복하게 하는 것 찾기 - 모두의 행복을 위한 학급 약속 정하기
	『노를 든 신부』	- 성장을 위한 1년 생활 약속 정하기

❷ '배려하고 존중하는 반'을 꿈꾼다면?

주	추천 그림책	추천 활동
1주	『인사』	– 인사의 중요성 알기 – 다양한 인사 놀이
1주	『아홉 살 마음 사전』	– 여러 가지 감정 놀이 하기 – 서로 다른 감정 이해하기
2주	『세상에서 가장 멋진 장례식』	– 삶의 의미와 가치 찾기 – 서로의 삶 존중하기
2주	『스즈짱의 뇌』	– '다름'과 '틀림' 이해하기 – 친구 사용 설명서 쓰기
3주	『곰씨의 의자』 『에드와르도: 세상에서 가장 못된 아이』	– '나 전달법' 이해하고 실천하기 – 칭찬의 힘 생각 나누기 – 서로를 칭찬하기(칭찬 샤워)
4주	『최고의 차』	– 우리를 행복하게 하는 것 찾기 – 모두의 행복을 위한 학급 약속 정하기
4주	『우리의 섬 투발루』	– 공동체 속 '나의 행동'의 무게 생각해 보기 – 환경을 위한 학급 약속 정하기

❸ '상호 이해와 따뜻한 의사소통을 하는 반'을 꿈꾼다면?

주	추천 그림책	추천 활동
1주	『인사』	– 인사의 중요성 알기 – 다양한 인사 놀이
1주	『나랑 놀자』	– 놀면서 서로를 이해하기
2주	『기린은 너무해』	– 나의 단점 찾기 – 특급 칭찬으로 단점을 장점으로 바꾸기
2주	『위를 봐요』	– 상대의 시선으로 세상 바라보기 – 따뜻한 말 한마디 나누기
3주	『말 상처 처방전』	– 상처 되는 말 vs. 말 상처 처방전 – 친구를 위한 말 상처 처방전 쓰기
3주	『내 말 좀 들어주세요, 제발』	– 서로의 고민 나누기 – 진지한 마음으로 조언하기
4주	『최고의 차』	– 우리를 행복하게 하는 것 찾기 – 모두의 행복을 위한 학급 약속 정하기
4주	『착해야 하나요?』	– 모두에게 의미 있는 학급자치 역할 정하기

○ 찾아보기

그림책

『30번 곰』 287

『42가지 마음의 색깔』 77

『가만히 들어주었어』 229

『감사하면 할수록』 198

『거울 속으로』 66

『고구마유』 92

『고마움이 곧 도착합니다』 198

『고민 해결사 펭귄 선생님』 229

『고양이 피터: 난 좋아 내 하얀 운동화』 52

『곰씨의 의자』 17~186, 309

『귀 없는 그래요』 134

『그건, 내 거야!』 263

『그냥 내 친구니까』 159

『그레타 툰베리가 외쳐요』 287

『그림자놀이』 65

『기린은 너무해』 80~91, 309

『나 안 할래』 232

『나는 개다』 135~149

『나는 사실대로 말했을 뿐이야!』 187

『나는 하고 싶지 않아!』 187

『나랑 놀자!』 53~65, 309

『난 네가 부러워』 92

『내 마음 ㅅㅅㅎ』 36

『내 말 좀 들어주세요, 제발』 216~228, 309

『내 친구는 시각장애인이에요』 134

『내 탓이 아니야』 117

『내가 듣고 싶은 말』 174

『내가 할게요!』 215

『내가 함께 있을게』 115

『넘어』 300~301

『노를 든 신부』 264~273, 308

『누구 그림자일까?』 66

『누군가 뱉은』 174

『눈을 감아 보렴!』 149

『달라도 친구』 159

『대신 전해 드립니다』 230

『두꺼비 아줌마』 198

『때마침』 115

『또박또박 반갑게 인사해요』 26

『루빈스타인은 참 예뻐요』 38

『마음 안경점』 77

『마음여행』 36

『말 상처 처방전』 162~173, 308~309

『말의 형태』 174

『멸치 챔피언』 298

『모두를 위한 케이크』 263

『모모모모모』 288~297

『바다야, 너도 내 거야』 249

310

『바삭바삭 갈매기』 298

『사과나무 위의 죽음』 115

『살아 있다는 건』 188~198, 308

『선생님은 몬스터!』 37

『세상에서 가장 멋진 장례식』 104~115, 309

『소리괴물』 229

『수미야, 미안해…』 118

『슈퍼 토끼』 273

『스즈짱의 뇌』 150~157, 309

『심술쟁이 니나가 달라졌어요』 26

『아나톨의 작은 냄비』 133

『아름다운 꿈』 103

『아홉 살 마음 사전』 67~75, 309

『안녕, 안녕, 안녕!』 26

『안녕, 폴』 287

『알아맞혀 봐! 곤충 가면 놀이』 65

『어떤 느낌일까?』 133

『어린이 마음 시툰』(전 3권) 77

『에드와르도: 세상에서 가장 못된 아이』 199~214, 309

『오늘은 칭찬받고 싶은 날!』 214

『완두』 93~103, 308

『완두의 그림 학교』 103

『욕심쟁이 딸기 아저씨』 249

『우리는 최고야!』 103

『우리의 섬 투발루』 275~286, 309

『위를 봐요!』 122~133, 309

『이게 정말 마음일까?』 36

『인사』 14~25, 308~309

『인사를 나눠 드립니다』 26

『자라가 들려주는 토끼의 간 이야기』 149

『작가』 149

『잘하는 게 서로 달라』 214

『저마다 제 색깔』 42~51, 308

『죽고 싶지 않아!』 116

『줄리의 그림자』 274

『줄무늬가 생겼어요』 274

『진짜 내 소원』 27~35, 308

『짝꿍』 231

『짧은 귀 토끼』 91

『착해야 하나요?』 250~262, 309

『최고의 차』 236~243, 308~309

『친구가 미운 날』 187

『친구의 전설』 299

『컬러 몬스터: 감정의 색깔』 82

『펭귄은 너무해』 91

『핑!』 263

『햄버거가 된 베니』 298

『행복한 줄무늬 선물』 249

『행복한 화가, 나의 형』 158

작가(글, 그림)

가사이 마리 187
강경수 229
경자 174
구스노키 시게노리 215
기타무라 유카 187
김성미 14~15
김영민 92
김유강 36
김유경 52
김지연 116
김지영 36
김태은 174
김효은 68
김효정 26
나카야마 치나츠 134
노시 사야카 215
노인경 176
다니카와 슌타로 189
다비드 칼리 92-93, 103, 149, 237, 263
다원시 91
다케야마 미나코 151
데이비드 섀넌 274
딕 스텐베리 117
라파엘 R. 발카르셀 77

레오 리오니 43
레이프 크리스티안손 117
레인 스미스 81, 91
로렌 차일드 251
루시 조지어르 214
마이라 덱 263
맛토 가즈코 198
모니카 바렝고 149
미키 하나에 151
바바라 오르텔리 26
박근용 77
박북 118
박성우 67-68
박수지 232
박정섭 231
밤코 289
백희나 136, 141
베레나 발하우스 134
볼프 에를브루흐 115
브리지트 메르카디에 159
빅토리아 페레스 에스크리바 149
사이다 92
세바스티앙 무랭 93-94, 103, 237

센우 286
스테판 세르방 134
시모네 레아 134
시미씨 163
신진호 198
아나 예나스 52
아누슈카 아예푸스 263
아니 카스티요 263
안 보즐렉 274
안느 가엘 발프 116
안미란 232
안미연 26
안은영 65
안준석 103
앨런 듀런트 298
야스민 셰퍼 249
에릭 리트윈 52
에바 에릭손 105
엘렌 서리 198
오나리 유코 174
오소리 264-265
오카모토 요시로 189
올리버 제퍼스 249
와다 마코토 134
요시다 류타 230

요시타케 신스케 36
우영은 158
울프 닐손 105
위정현 229
유설화 273
유수민 187
이경국 298
이범재 229
이상배 103
이선미 27~28
이소영 77
이수지 65~66
이윤희 158
이자벨 카리에 116, 133
이정원 174
이지선 115
이지은 299
이한재 26
이해인 198
일로나 라머르팅크 214
자넷 윈터 286
전민걸 298
정진호 53~54, 123
정현지 159

제니퍼 K. 만 214
제임스 딘 52
조경희 163
조리 존 81, 91
조민희 276
조시온 77
조은애 149
존 버닝햄 199~200
지경애 286
지젤 포터 187
질케 레플러 217
천미진 149
최숙희 66
카트린 셰러 115
코리 도어펠드 229
크리스티나 누녜스 페레이라 77
크리스티앙 브뤼엘 274
클라우디아 라누치 149
탕탕 91
토미 드파올라 103
패트리샤 맥키삭 187
펩 몬세라트 38
프란츠 요제프 후아이니크 134

플로랑스 지벨레-드 레스피네이 159
피에르 빈트르스 26
피터 브라운 37
하인츠 야니쉬 217
허은미 159
홍우정 26
홍효정 26

행복한 1년 학급살이를 위한 그림책 함께 읽기
그림책으로 시작하는 학급경영

1판 1쇄 발행	2022년 3월 7일
1판 4쇄 발행	2023년 10월 30일

지은이	수업친구 더불어숲
펴낸이	한기호
책임편집	여문주
편 집	서정원, 박혜리, 송원빈, 이선진
본부장	연용호
마케팅	하미영
경영지원	김유아
디자인	박소희
펴낸곳	(주)학교도서관저널
출판등록	제2009-000231호(2009년 10월 15일)
주 소	서울시 마포구 동교로12안길 14(서교동) 삼성빌딩 A동 3층
전 화	02-322-9677
팩 스	02-6918-0818
전자우편	slj9677@gmail.com
홈페이지	www.slj.co.kr
ISBN	978-89-6915-124-7 03370

* 이 책은 저작권법에 따라 보호받는 저작물이므로 무단전재와 무단복제를 금합니다.
* 잘못 만든 책은 구입하신 서점에서 바꾸어 드립니다.
* 책값은 뒤표지에 적혀 있습니다.